"당신의 보험금을 지켜주는 착한 레시피"

# 보험금 전쟁에 대비하라

## Prepare for the Insurance Payout Battle

김의한 서민정 지음

> 가파르게 증가하는 **보험회사와 소비자의 보험금 분쟁**
> **당신의 보험금을 안전하게** 지키고 싶다면 이 책을 권한다.
>
> **두 명의 보험 전문가가**
> 당신의 보험을 지켜줄 **비장의 레시피를 공개**한다.

## 머리글 • 1

　우리나라의 보험시장 규모는 세계 7위 수준에 이르고 있다. 2021년 보험연구원은 국내 전체 가구당, 개인별 보험가입률은 98.4%, 97.1%로 압도적이다. 일상생활에 가장 밀접한 금융상품으로 보험을 꼽아도 전혀 어색하지 않은 상황이다.

　흔히들 하는 말로 예전 보험이 좋은 보험이라는 말이 있었다. 하지만 보험 시장의 변화로 이도 옛말이 되어 가고 있다. 실제로 유병자 보험의 등장으로 질병을 앓고 있거나 병력이 있는 사람들도 충분히 보험가입이 가능해졌으며 가입채널도 확장되어 TV광고, 홈쇼핑, TM뿐만 아니라 모바일 청약제도를 통한 보험금 청구까지도 가능해졌다.

　그러나 세상이 좋아지고 편리해진 만큼 그에 반해 소비자의 불만은 더욱 증가하고 있다. 보험 산업의 발달만큼 보험금 처리도 함께 개선되면 좋으련만 되려 보험금 청구 분쟁이 점점 늘어나고 있다.

　이는 또 다른 전쟁의 시대가 열렸음을 의미한다. 금융감독원 자료에 따르면, 최근 3년간 보험업권의 소송 건수는 약 5만 4천여 건에 달하며 소송비용은 약 440억 원 규모에 이른다. 고객에게 돈을 덜 주거나 주지 않기 위해 매년 170억원의 소송비용을 들이는 주체가 보험회사인 것이다.

　무분별한 가입과 잘못된 '계약 전 알릴 의무' 고지로 인해 많은 보험 소비자가 피해를 보고 있으며, 실제로 유병자가 아닌데 유병자 보험에 가입해 금전적 손해와 일부 왜곡된 보험금 심사를 통해 피해를 보고 있는 보험 소비자가 늘어나고 있는 실정이다.

　바로 이 지점에서, 보험료를 지불하고 보험회사에서 주는 돈만 받고 마는 평범한 소비자가 될 것인지, 보험회사와 분쟁을 겪는 억울한 소비자가 될 것인지, 정당한 권리를 행사하는 현명한 소비자가 될 것인지가 보험 소비자와 보험회사 간 주도권을 누가 쥐고 있는지에 달려있다.

보험 가입자 대부분은 보험 가입을 통해 본인이 이득을 볼 수 있을 거라 기대하지만 거시적으로 해석한다면 극히 일부분이다. 대부분 보험 가입자는 패자, 승자는 보험회사이다.

그러면 이러한 상황에서 보험 가입자인 우리는 어떻게 해야 하는가?

보험 소비자로서 권리행사를 다하지 못하고 있는 이들을 보며 나는 제대로 일하고 영업하는 과정에서 깨닫고 느낀 바를 공유하고 싶었다. 그런 뜻을 담아, 나는 보험전문가로서 대한민국 모든 보험 소비자들이 정당하게 보호받고 사고 발생 시 보험회사와 원만히 해결할 수 있는 방법을 찾도록 응원하기 위해 이 책을 썼다.

세련된 표현은 부족할 수 있지만 실제 영업 현장에서 피부로 느끼고 몸으로 익혀온 경험을 바탕으로 쉬운 처방을 제시할 것이라 자신 있게 말할 수 있다. 인생에 크고 작은 질병, 사고가 발생할 때 마다 평생 가져가야 할 내 보험증권과 함께 이 책을 열어보길 바란다. 정당한 권리를 행사하는 보험 소비자가 될지, 보험 호구가 될지는 당사자의 손에 달렸다.

대한민국의 모든 보험 소비자들이 보험금 전쟁터에서 주도권을 쥘 수 있길 바라는 마음으로.

**보험 전문가** 김 의 한

P.S 함께 했던 많은 선·후배 님들 덕분에 성장할 수 있었고 주변 많은 보험 설계사들이 있었을테지만 저를 담당자로 믿어주었던 고객 분들 덕분에 지난 17년 모든 날들이 행운이었습니다. 함께 고민하고 고생한 서민정 전문가에게 큰 도움을 받았고 묵묵히 응원해준 가족들에게도 감사함을 전합니다. 특히 고객으로 만나 10년 넘게 함께 하고 있는 나의 배우자에게 감사와 존경의 마음을 전합니다.

## 머리글 · 2

'권리 위에 잠자는 자는 보호받지 못한다' 는 법언이 있다. 자신의 권리를 오래도록 행사하지 않은 사람은 법의 보호를 받지 못한다는 의미다. 자신의 권리를 적극적으로 주장하지 않으면 손해를 본다는 의미에서 보험 가입자에게도 적용되는 말이다.

자신의 권리를 지킬 수 있는 힘과 능력을 길러야 하는 것은 당연한 일이다. 하지만 일반 보험 소비자가 낯선 보험 정보와 지식을 섭렵하기란 현실적으로 쉽지 않다. 따라서 당연히 보험 설계사에게 의지하게 되는 것은 인지상정이다.

하지만 보험을 가입시킬 때는 양팔 다 걷어부치고 방문이 닳도록 드나들던 보험설계사가, 보험료 납입이 한달이라도 늦어지면 득달같이 전화해 보험료 납입을 안내하던 보험 설계사가, 정작 고객이 보험금에 해당이 되는지도 모르고 청구하지 않거나 보험금 지급 관련하여 회사와 분쟁이 있을 때는 몸을 사리는 모습을 어렵지 않게 발견하게 된다. 한 번이라도 이런 경험을 하게 되면 자신도 모르게 '보험팔이', '보험쟁이'라며 보험 설계사를 비하하는 분노와 실망을 담은 말들이 입에서 튀어 나온다.

그런데 이와 같은 보험 설계사를 반기지 않는 국민 정서에도 불구하고, 아이러니하게도 우리나라의 보험 가입률은 굉장히 높은 수준을 유지하고 있다. 이유는 전통적인 보험상품 가입자의 포화로 보험회사가 새롭고 다양한 보험상품을 만들어냈고 또 가입 조건과 보험금지급을 세분화 했기 때문이다.

높은 보험 가입률과 초고속 고령화 그리고 의료기술 발달 등의 요인으로 인해서 지급보험금은 앞으로 계속 증가할 것으로 전망되고 있다. 이러한 변화를 보험회사들은 위기이면서도 기회로 받아들이고 있다. 위기로 받아들이는 지점은 지급보험금의 증가로 인한 손해율 악화다.

반면 기회로 받아들이는 부분은 손해율을 빌미로 약관의 세분화, 지급 요건 강화 그리고 적극적인 고객과의 법적 분쟁 등을 통해 전략적으로 수익률을 개선해 나가는 부분이다. 실제 최근에는 적지 않은 보험 소비자가 골리앗과 같은 보험회사의 위세에 꼼짝없이 무릎을 꿇는 일이 많아졌다. 더 심각한 것은 이러한 불합리의 골이 점점 깊어 간다는 사실이다.

보험산업이 발달함에 따라 보험 분쟁은 어찌 보면 예견된 일이었다. 보험금을 받아야 하는 소비자와 보험금을 지급해야 하는 보험회사, 의료행위가 벌어지는 병원까지 각자 처한 입장마다 다양한 이익들이 상충하기 때문이다.

이 이해 관계의 구조에서 언제나 최종 피해자는 소비자다. 보험회사와 병원이 손해를 보는 일은 특별한 경우가 아니고서는 거의 없다고 해도 무방하다. 그렇다고 무작정 당할 수는 없는 노릇이다.

그런 의미에서 1장에서는 최근 영업현장에서 보험금 지급 분쟁이 많은 사례를 다루었고, 2장에서는 주제별로 소비자가 알았으면 하는 보험금 상식에 대해서 기록했다.

더불어 보험금으로 시작해 보험금으로 끝나는 이 책을 통해 아직도 보험료를 최우선 조건으로 보험가입의 선택을 결정하고 안내하는 보험 소비자와 보험 설계사에게 경종을 울리고 싶은 마음이다.

20대에 보험업에 발을 들인 나에게 보험금 청구는 보험 전문가로서의 자존감과도 같았다. 아직도 보험금 청구는 나에게 중요한 업무 중 하나이며 고객과의 소통창구이다. 보험 설계사의 위치에서 법적 분쟁도 손해사정도 직접 전면에서 처리해 줄 수 없고, 점점 전문화되어 가는 보험금 분쟁 속에서 나의 역할이 적어질 수 있지만 나는 다짐하고 자신한다. 보험금을 받아야 할 보험 가입자의 정당한 권리행사에 기꺼이 동행하겠다고.

막상 쓰고 보니 흔한 보험금 얘기를 나열한 듯 보이지만 일과 병행하여 하나의 결과물을 내기까지 오랜 시간이 걸렸는데, 인사말을 마무리하며 그동안 만났던 수많은 고객들과 업계의 선후배 동료분 들과의 시간이 마치 필름처럼 지나간다.

  기꺼이 나와 인연이 되어준 고객 분들과 치열한 영업현장에서 좋은 에너지를 주셨던 동료 분들께 감사의 마음을 전한다. 만남과 헤어짐이 잦은 보험업계에서 10년이 넘는 시간동안 정도를 걷는 보험인의 길로 같은 방향을 바라볼 수 있게 애써준 선배, 김의한 전문가에게 이 자리를 빌어 감사를 전하고 싶다.

  마지막으로 법대를 졸업하고 당연히 법조인이 될 것이라는 기대를 저버리고 보험설계사가 된 나에게 서운함보다는 긍정의 힘으로 오랜 시간 따뜻한 안식처가 되어준 나의 사랑스런 가족에게 이 책을 바친다.

보험 전문가 **서 민 정**

# CONTENTS

## 1장 고객과의 동행

사람나고 보험났지, 보험나고 사람났나 · · · · · · · · · · · · · · · · · · · · · · · · · 14
프로와 아마추어 · · · · · · · · · · · · · · · · · · · · · · · · · · · · · · · · · · · · · · · · · · · · · 23
병원 브로커에 피해 입는 선량한 환자들 · · · · · · · · · · · · · · · · · · · · · · 33
국가 보건 복지 제도와 충돌하는 사보험 · · · · · · · · · · · · · · · · · · · · · · · 42
질병코드에 따라 달라지는 보상 유무 · · · · · · · · · · · · · · · · · · · · · · · · 49
서초동 입원비 전쟁을 아시나요? · · · · · · · · · · · · · · · · · · · · · · · · · · · · · 57
날아가는 의료기술, 걸어가는 보험 약관 · · · · · · · · · · · · · · · · · · · · · · 65
성조숙증으로 고통받는 아이들 · · · · · · · · · · · · · · · · · · · · · · · · · · · · · · 73
과유불급(過猶不及) · · · · · · · · · · · · · · · · · · · · · · · · · · · · · · · · · · · · · · · · · · · 82
부고, 보험 설계사에게도 반드시 전하자 · · · · · · · · · · · · · · · · · · · · · · 89

## 2장 보험 즉문 즉설

### ◎ 진단편

암진단금은 언제부터 받을 수 있나요? · · · · · · · · · · · · · · · · · · · · · · · 98
암진단일은 언제인가요? · · · · · · · · · · · · · · · · · · · · · · · · · · · · · · · · · · · · · 99
두번째 암 진단금 받을 수 있나요? · · · · · · · · · · · · · · · · · · · · · · · · · · 100
정밀검사 없는 암진단, 진단비 받을 수 있나요? · · · · · · · · · · · · · 101
대장 양성종양은 진단비랑 아무 관련이 없나요? · · · · · · · · · · · · 103
자궁경부이형성증인데 진단비 받을 수 있나요? · · · · · · · · · · · · · 104
뇌졸중 진단, CI보험금 받을 수 있나요? · · · · · · · · · · · · · · · · · · · · · 105
사고로 온 뇌출혈, 진단비 받을 수 있나요? · · · · · · · · · · · · · · · · · 108
사망원인이 급성심근경색 의심이라면, 진단비 받을 수 있나요? · · 110

# CONTENTS

협심증도 진단비를 받을 수 있나요? ····················· 112
화상진단비는 화상이 생기면 받을 수 있나요? ············ 114
반깁스도 깁스치료비를 받을 수 있나요? ·················· 115
진단비편 보험 상식 ····································· 116

## ◎ 후유장해편

장해판정은 언제 받아야 하나요? ························ 122
암수술을 받았는데 장해라구요? ························· 123
보험기간이 끝난 후 장해판정을 받았는데
후유장해보험금 받을 수 있나요? ························ 124
뇌를 다친 후유증, 뇌졸중 후유증도 후유장해인가요? ······ 125
무릎 인공관절 수술도 후유장해에 해당이 되나요? ········ 126
여러 개의 장해가 생기면 보험금이 어떻게 되나요? ········ 127
장해상태가 더 안좋아지면 보험금을 또 받을 수 있나요? ··· 128
후유장해편 보험 상식 ··································· 129

## ◎ 수술편

티눈을 제거했는데 수술보험금 받을 수 있나요? ·········· 134
치조골이식술, 수술보험금 받을 수 있나요? ··············· 135
피부가 찢어져 꿰맸다면, 수술보험금 받을 수 있나요? ····· 136
건강검진날 위용종과 대장용종 절제술을
받았는데 수술보험금을 각각 받을 수 있나요? ············ 137
하지정맥류 수술(베나실)을 하였는데,
수술보험금 받을 수 있나요? ···························· 138
쌍꺼풀(안검하수수술) 수술을 받았는데 수술보험금을
받을 수 있나요? ······································· 139

제왕절개수술도 수술보험금을 받을 수 있나요? ·········· 140
계류유산으로 소파술을 했는데 수술보험금을 받을 수 있나요? ··· 141
항암방사선 치료를 받았는데 수술보험금을 받을 수 있나요? ···· 142
수술편 보험상식 ·········································· 143

## ◎ 입원편

인큐베이터 이용시 중환자실 입원비가 나오나요? ············ 150
병원을 두군데 입원해도 입원비가 나오나요? ················ 151
치매 요양병원, 입원비 받을 수 있나요? ···················· 152
입원 중 보험기간이 끝났다면 입원비 보상도 끝인가요? ········ 153
군대 의무실도 입원비가 나오나요? ························ 154
장기입원시 언제까지 입원비가 나오나요? ···················· 155
입원편 보험상식 ·········································· 156

## ◎ 실손의료보험편

외국에서 발생한 치료비, 실손의료보험 보상이 되나요? ········ 162
무릎 줄기세포 주사도 실손의료보험 보상이 되나요? ·········· 164
병원의 권유로 전립선결찰술 추천 받았는데 보상이 되나요? ···· 165
스쿠버다이빙 지도를 하다가 다쳤다면,
실손의료보험 보상이 되나요? ······························ 166
쌍꺼풀수술, 실손의료보험 보상이 되나요? ···················· 168
오토바이 사고도 실손의료보험 보상이 되나요? ················ 170
단체실손의료보험과 개인실손의료보험 중복가입시,
정지가 가능한가요? ······································ 172
하루에 여러 번 병원에 가면 치료비를 다 받을 수 있나요? ····· 173
퇴원시 처방받은 약도 실손의료보험 보상이 되나요? ·········· 174

# CONTENTS

치과치료도 실손의료보험 보상이 되나요? ·················· 175
MRI는 입원해야 실손의료보험 보상이 되나요? ·············· 177
한방병원 MRI도 실손의료보험 보상이 되나요? ·············· 178
추나치료도 실손의료보험 보상이 되나요? ·················· 179
탈모도 실손의료보험 보상이 되나요? ······················ 180
MD크림(피부 창상피복재) 실손의료보험 보상이 되나요? ······ 181
자동차 사고도 실손의료보험 보상이 되나요? ················ 182
응급실 비용도 실손의료보험 보상이 되나요? ················ 183
다친 후 계속 치료를 받는 중에 365일이 넘어서 입원치료시,
실손의료보험 보상이 되나요? ····························· 185
성형외과에서 한 유방재건술도 실손의료보험 보상이 되나요? ···· 187
보조기는 실손의료보험 보상이 되나요? ····················· 188
실손의료보험편 보험상식 ································· 190

## ◎ 어린이(태아) 보험편

선천질환 수술은 태아보험에서 보상이 되나요? ············· 198
화염상모반 레이저수술 보상이 되나요? ···················· 200
선천성 난청, 보상이 되나요? ····························· 202
혀유착증, 수술보험금 받을 수 있나요? ····················· 204
어린이(태아) 보험편 보험상식 ···························· 205

## ◎ 계약전후편

직업이 변경되면 보험회사에 알려야 하나요? ··············· 208
보험가입시 자필서명을 해야 보장이 되나요? ··············· 211
설계사에게 고지의무를 전달했음에도
고지의무 위반 통보를 받았습니다. ························ 213

처방약을 복용하지 않아도 고지대상인가요? · · · · · · · · · · · · · · · · · 215
건강검진 소견은 고지대상인가요? · · · · · · · · · · · · · · · · · · · · · · · · · 216
장애가 있어도 보험가입을 할 수가 있나요? · · · · · · · · · · · · · · · 218
보험가입을 취소하면 보험료를 돌려받나요? · · · · · · · · · · · · · · 220
보험서류를 못받았는데 취소가 되나요? · · · · · · · · · · · · · · · · · · 222
계약전 알릴의무편 보험상식 · · · · · · · · · · · · · · · · · · · · · · · · · · · · 224

## ◎ 제도편

납입면제는 진단만 받으면 다 되는건가요? · · · · · · · · · · · · · · · 230
보험금 청구 언제까지 할 수 있나요? · · · · · · · · · · · · · · · · · · · · 232
보험금 지급이 늦어지면 어떻게 되나요? · · · · · · · · · · · · · · · · · 234
보험나이가 만 나이인가요? · · · · · · · · · · · · · · · · · · · · · · · · · · · · 235
수익자 변경이 되나요? · · · · · · · · · · · · · · · · · · · · · · · · · · · · · · · · 237
전기간 부담보라면 평생 보장받을 수 없나요? · · · · · · · · · · · · · 239
갱신형특약도 납입면제가 되나요? · · · · · · · · · · · · · · · · · · · · · · 241
전년도 의료비를 올해 실손의료보험 청구하였습니다.
연말 정산 시 의료비 지출 차감 연도는 언제인가요? · · · · · · · · · · · 243
장기해외출장 기간동안 실손보험료 낸게 아까워요. · · · · · · · · · · · 244
보험금을 수익자가 아닌 사람도 받을 수 있나요? · · · · · · · · · · · 245
제도편 보험상식 · · · · · · · · · · · · · · · · · · · · · · · · · · · · · · · · · · · · · 247

# 1장

# 고객과의 동행

# 사람나고 보험났지, 보험나고 사람났나
## 영양제 주사

고객을 만나는 직업을 가진 사람이면 다 그렇겠지만 설계사에게도 비는 그리 달갑지 않은 손님이다. 특히 겨울에는 더욱 그렇다. 어려서부터 유난히 추위를 잘 타는 터여서 그 스산한 기운이 반가울 리 없다. 오전부터 시작된 비는 오후까지도 계속되었다. 한기를 달래려고 아는 분이 선물해 준 수제 유자차를 개봉하려던 차에 전화 한 통이 걸려 왔다. 수원에 사는 현옥(가명)씨였다.

현옥씨의 출산이 임박했을 즈음이라 내심 좋은 소식을 기대했다. 그런데 그녀의 목소리에는 근심이 가득했다. 병원으로부터 태아의 심장 수술이 필요하다는 얘기를 들었다는 것이다. 지난 주까지만 해도 출산에 대한 두려움이 컸던 현옥 씨는 지금은 아이 걱정 밖에 없었다. 그녀는 이미 엄마가 되어 있었다. 전화를 끊고 나서 마음 진정에 도움이 될까 싶어 개봉하려던 유자차를 챙겨서 현옥 씨에게 보냈다.

몇일 후 현옥 씨는 출산을 했고 아이는 수술 후 30일 동안 입원한 다음에 병원 문을 나섰다. 얼마 후 나는 아이도 보고, 현옥 씨의 보험금 청구도 도울 겸 현옥 씨 집에 방문했다. 방긋 웃는 아이의 모습이 예쁘고 대견했다.

현옥 씨가 내준 유자차를 마시며 수령한 보험금을 살펴보았다. 청구액은 약 870만원인데 실제 수령금액은 반 밖에 되지 않았다. 내내 살펴보았지만, 납득이 가지 않아 보상 담당자에게 전화를 걸었다.

"단순 영양제 주사는 보험금 청구 대상이 아닙니다." 보상 담당자는 차액의 주요 요인이 영양제 주사에 있으며, 그게 보상의 범위를 벗어난다고 설명했다.

"심장 수술을 받은 신생아가 정상적으로 모유를 섭취할 수 없으니, 영양제 주사가 처방된 건데 이것을 단순한 영양제 처방으로 보는 것은 잘못된 것 아닌가요?"

"그래도 치료 목적의 처방을 확인하지 않는 이상 보험금 지급은 어렵습니다."

보상 담당자는 마치 AI처럼 같은 말을 반복했고, 어느 순간 나도 모르게 소리를 질러 버렸다. 물론 바로 사과하긴 했지만, 그렇다고 보상담당자의 말을 수긍할 수는 없었다. 거대한 벽과 마주한 기분이었다. 설계사인 내가 이 정도면, 고객은 어떤 심정일까? 현옥 씨는 이미 포기한 상태였다. 하지만 포기는 김장할 때나 쓰는 말이라고 하지 않았던가. 나는 또다시 약관을 들여다 보았다.

## 가입시기별 실손의료보험 약관 변화와 심사기준

보험회사의 약관을 살펴보면 원칙적으로 영양제 주사 비용은 보상하지 않는다고 명시되어 있다. 하지만 주목해야할 부분은 단서 조항인데 '치료 목적으로 의사의 소견 하에 영양제 수액을 처방 받았을 시에는 보상한다'라고 되어 있다.

현옥 씨 아이가 치료 목적으로 영양제 수액을 처방 받았다는 것을 증명하면 일단 보상받을 길이 열린다. 여기에 하나 더 추가로 살펴봐야 할 내용이 있다. 보험을 언제 가입했는가다. 왜냐하면 보험 가입 시기에 따라서 관련한 약관 규정의 변화가 있기 때문이다.

우선 2017년 4월 이전 가입 보험인 1, 2세대 실손의료보험, 보험 가입 시점이 2017년 4월부터 2021년 6월까지인 3세대 실손의료보험까지는 약관이 대동소이하다. 모두 '의사의 소견'에 따라서 지급이 결정된다.

> **약관정보**
>
> **~ 2021년 7월 이전 약관**
> 영양제, 비타민제, 호르몬 투여, 보신용 투약, 친자 확인을 위한 진단, 불임검사, 불임수술, 불임복원술, 보조생식술(체내, 체외 인공수정을 포함합니다), 성장촉진, 의약외품과 관련하여 소요된 비용. 다만, 회사가 보상하는 질병치료를 목적으로 하는 경우에는 보상합니다.

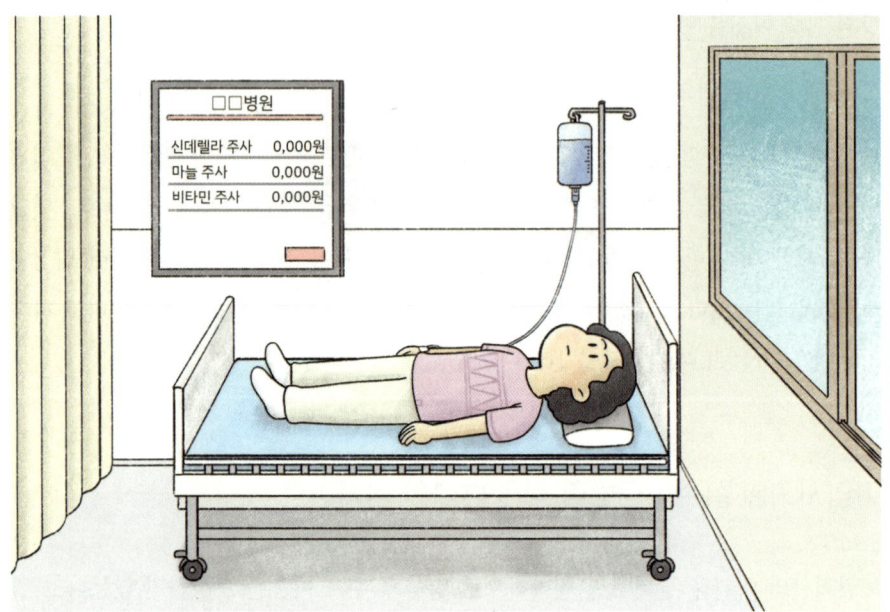

보험 가입 시점이 2021년 7월 이후인 '4세대 실손의료보험'부터는 조금 달라진다. 급속히 증가하는 영양제 보상에 대한 방어를 위해서 보험회사가 약관을 강화한 것이다. 강화된 약관에는 영양제가 해당질병 치료 목적에 효능과 효과가 있는지 약제별 허가사항에 맞는지를 검토해야 하며, 식약처에서 허가된 치료제로서 치료 목적으로 사용된 경우에만 보험금 지급이 가능하다고 적혀 있다. 따라서 의사의 소견이 있다하더라도 식약처 허가 외 사용이라면 실손의료보험금 지급이 되지 않도록 변경되었다.

> **약관정보**
>
> **2021년 7월 이후 약관**
> 영양제, 비타민제 등의 약제와 관련하여 소요된 비용
> 다만, 약관상 보상하는 상해 또는 질병을 치료함에 있어 아래 각목에 해당하는 경우는 치료 목적으로 보아 보상합니다.
> 가. 약사법령에 의하여 약제별 허가사항 또는 신고된 사항(효능/효과 및 용법/용량 등)대로 사용된 경우

나. 요양급여 약제가 관련 법령 또는 고시 등에서 정한 별도의 적용기준대로 비급여 약제로 사용된 경우
다. 요양급여 약제가 관련 법령에 따라 별도의 비급여사용승인 절차를 거쳐 그 승인 내용대로 사용된 경우
라. 상기 가목 내지 다목의 약제가 두 가지 이상 함께 사용된 경우(함께 사용된 약제가 상기 가목 내지 다목에 해당하지 않는 경우 제외)

현옥씨는 3세대 실손의료보험 가입자에 해당했다. 또 다행히 병원을 통해서 신생아의 생존을 위한 영양제 주사 처방이라는 소견을 얻어서 보험을 청구했고, 뒤늦게나마 보험금을 수령할 수 있었다.

## 암환자들이 치료받은 영양제주사는 실손의료보험 보상이 될까?

영양제 주사 처방은 과거보다 가파르게 증가하고 있다. 따라서 영양제 주사와 관련한 분쟁도 늘고 있다. 흔히들 영양제주사 하면 몸살감기, 소화불량, 피로해소 등 가벼운 상황만을 떠올리기 쉽다. 이런 영양제 주사는 대략 10만원 내외로 굳이 보험회사와 불편한 분쟁을 하고 싶지 않을 정도의 소액의 금액이다.

상황에 따라 의사의 처방으로 투여 받은 영양제라 할지라도 약관에 명시된 대로 식약처에서 허가된 치료제로서 치료목적으로 사용된 경우에만 실손의료보험금을 받을 수 있다. 실제로 몸살감기로 마늘주사(약품명:비타민B1)를 처방 받았다면 보장받을 수 없다. 마늘주사는 몸살감기에 효과는 있을 수 있지만, 효과가 인정된 질환은 신경통/근육통/관절통으로 제한되어 있기 때문이다.

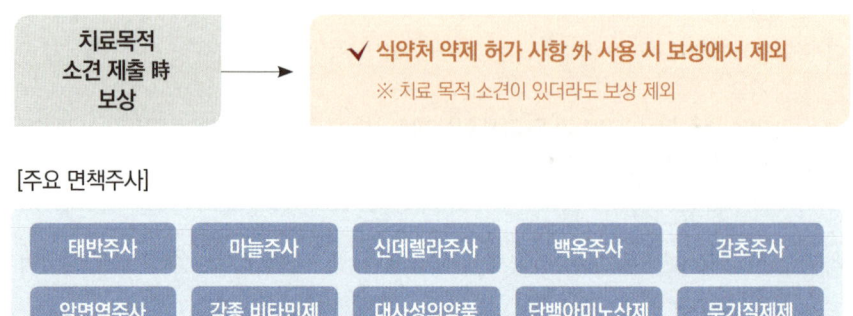

- 감기로 신데렐라 주사(약품명:지씨치옥트산주)를 처방/투여
  〈효능/효과〉 리(Leigh)증후군, 항생물질 중독 또는 소음에 따른 내이성 난청 개선
  → 감기는 해당 약제의 효능/효과에 미해당 : 보장에서 제외
- 인후통으로 감초 주사(약품명:교미노틴주)를 처방/투여
  〈효능/효과〉 두드러기, 습진, 알레르기성피부질환, 약물중독의 보조요법, 만성간질환의 간기능 개선
  → 인후통은 해당약제의 효능/효과에 미해당 : 보장에서 제외

그런데 영양제 주사 보험금 분쟁에 가장 속타는 이들이 바로 암환자들이다. 대부분의 암환자들이 외과적인 수술로 상급종합병원에 머무는 시간은 대략 2주 남짓이다. 과거에는 퇴원하고 집으로 향했다면 요즘에는 요양병원으로 향하는 경우가 대부분이다. 항암치료나 방사선치료 중이거나 치료 이후에 내과적인 문제 등의 요양관리를 위해 요양병원에서 다양한 면역치료를 받는다.

그런데 요양병원에서 면역치료제로 불리는 다양한 주사제 치료에 대한 실손의료보험금 지급이 거절되거나 지급심사가 강화되고 있다. 암치료에 드는 영양제 주사치료비는 적게는 수백만원에서 많게는 수천만원에 이른다. 따라서 적지 않은 암 환자들이 지속적인 치료와 회복을 위해서 보험회사와 분쟁을 치르고 있다.

그동안 암환자에 대한 보험회사의 보험금 지급 분쟁은 '암의 직접치료 목적' 여부가 쟁점이었다. 암환자들의 영양제 치료에 대해 보험회사는 암 수술 이후 입원하여 영양제를 투여 받은 것은 암의 직접적인 치료로 볼 수 없기 때문에 보상하지 않는 손해에 해당한다고 주장해왔다. 이에 관해 법원은 암 치료 중 투여받은 영양제는 신체기능회복에 도움이 되는 약물로 생명연장을 위한 치료목적으로 보아야 하므로 고가의 영양제 비용까지 실손의료보험 보상하라 판결하였다. (수원지방법원 2018가단507352)

판례에 따르면 항암치료나 방사선치료 중인 암환자가 투여 받은 영양제는 실손의료보험 보상이 가능하다. 소비자에게 유리한 해석의 판결이 나왔다고는 하지만 아직도 실무에서는 해당 영양제 치료를 받아야 하는 의학적인 서류 첨부를 필수적으로 요구하고 있으며, 지급이 제때 이루어지지 않는 실정이다. 따라서 동일한 진단과 치료를 받았다고 하더라도 환자의 상태에 따라 영양제 치료가 무조건 보상가능 하다고 얘기할 수도 없다. 하지만 암치료를 위해 필수적으로 신체기능 회복을 위한 영양제 치료라면 보상 가능하기 때문에 쉽게 포기하지 말고 보상을 주장해야 한다.

## 보험, 고객 중심의 사회적 가치에도 고민 필요

오전 내내 내리던 비가 그쳤다. 무료한 시간을 보내던 차에 사무실로 택배가 왔다. 정성스럽게 포장된 택배를 풀어봤다. 유자차 한병과 밀봉했음에도 구수한 향이 진동하는 참기름이 놓여 있었다. 같이 들어 있던 메모를 펼쳐봤다.

"전문가님. 지난 번에 보내주셨던 유자차 생각이 나서 보내드립니다. 그리고 직접 내린 참기름도 같이 보내요. 저도 이번일 겪으면서 누군가에게 도움이 돼야겠다고 생각했어요. 앞만 보지 말고 주위를 좀 둘러보려고 합니다. 너무 감사합니다."

현옥씨는 적극적인 이견 제기로 지급받지 못했던 보험금을 돌려 받을 수 있었다. 달리 얘기하면 문제 인식이 없고, 적극적인 문제 제기가 없었다면 돌려 받지 못했을 확률이 높다. 실손의료보험 청구금액에서 비급여 주사제 사용 증가는 두드러졌고, 앞으로 더 증가될 것으로 예상된다. 영양제 주사는 대표적인 비급여 치료로 동일한 진료항목임에도 의료기관에 따라 가격차이가 발생할 수 있고, 손쉽게 접할 수 있는 치료인만큼 가격 부풀리기나 과잉처방 등 도덕적 해이 대상이 될 수 있다.

이에 보험금 지급 심사를 강화한 보험회사의 입장 또한 충분히 이해가 된다. 또한 보험회사 입장에서 현실적으로 보험금 지급심사 과정에서 비급여 주사제의 청구영수증 모두를 검토하는 것은 불가능하다. 그러다보니 실무에서는 일일이 그 성분을 따지기보다는 진료비 영수증 상 영양제/비타민 주사로 명시만 되어 있어도 보상이 이루어지지 않는 경우가 많다.

일상생활에서의 10만원 이하 소액 영양제주사 건을 일일이 확인 후 면책을 적용하는 것이 보험회사 입장에서 현실적 한계가 있음은 분명하지만, 일괄적인 영양제치료에 대한 면책은 보험금 지급 절차에서 약자일 수 밖에 없는 소비자에게는 명확하게 설명되어야 할 부분이다. 그런데 분명한 것은 절대 보험회사가 소비자에게 부지급 관련 내용을 설명했다고 해서 보험금 면책이 정당화 될 수 없다는 것이다. 모든 경우가 현옥씨처럼 문제제기만으로 해결되지는 않는다. 영양제 주사의 면책여부를 설명했다며 너무도 당당한 보험회사의 태도에 기가 막혔던 것이 불과 얼마전 일이다.

지금 생각해도 마음 속 화가 가라앉지 않는다. 결국 약관도 죽어있는 글자에 불과하구나, 현실과는 별개구나 라는 생각에 내가 몸담고 있는 보험업계가 부끄러워지는 순간이었다. 얼마 전, 동일하게 영양제 주사 치료 보험금 부지급 사례가 있었다. 현옥씨와 마찬가지로 심사팀과 전화연결을 하였지만, 심사팀 담당자는 나에게 그저 불통의 존재였다. 부지급 사유의 근거는 식약처 상 등록된 효용과 맞지 않는 사용이라는 것이었다. 해당 내용의 적용은 4세대 실손의료보험 가입자 대상일뿐 이전 가입자에게 소급적용하는 것은 부당하다는 나의 의견에도 담당자의 대답은 바뀌지 않았다. 4세대 실손의료보험 이전의 실손가입자 역시 치료목적이 인정되더라도 식약처에 등록된 효능효과가 인정이 되어야만 지급이 가능하고, 이 설명이 이루어지지 않은 기존 가입자의 경우 1회성으로 지급이 되고 이후에는 지급이 되지 않는다는 답변이었다. 금융감독원에 민원을 넣어도 달라지는 것은 없다는 말과 함께 이후 어떤 나의 질문에도 앵무새 같이 똑같은 말 뿐이었다. 담당자의 마지막 말에 나는 더욱이 화를 억누르며 전화를 끊을 수 밖에 없었다. "암환자가 영양제 맞으셔도 똑같아요. 저희는 면책입니다." 질병의 정도를 따지지 않더라도 암환자에게도 주지않는 보험금을 하물며 가벼운 질병치료를 위한 영양제 치료까지 순번이 오기 만무하니 말이다. 돌아오지 않는 메아리에 성을 낸들 무슨 의미가 있을까. 과거 약관이면 무엇하랴. 약관이 무기인냥 과거 실손의료보험을 유지하면서 비싼 보험료를 내는 소비자를 비웃기라도 하듯 현실은 이미 변경된 약관을 적용하고 있으니 말이다.

아무리 생각해도 마음 속에서 좋은 대답이 나오지 않는다. 거액의 치료비가 드는 항암치료 단계의 영양제 투여까지 일률적으로 판단하는 것은 너무나 가혹하다. 암 환자는 겉보기에는 멀쩡할지 모르지만, 몸속 장기가 병들어 생명에 위협을 받는 사람들이다. 의학기술의 발달로 일부 장기를 절제하는 큰 수술을 해도 생명을 유지할 수 있게 되고 암 생존율은 높아졌지만, 단순히 목숨이 붙어있다고 해서 그것이 곧 암의 완치이며, 일상으로의 복귀를 의미하는 것은 아니다.

외과적인 수술, 항암, 방사선 치료를 받았다고 암치료가 끝난 것이 아니다. 또한 외과적 치료가 행해졌던 종합병원 이외의 병원에서 이루어지는 암치료가 아무런 의학적 의미가 없는 것이 아니기에 암환자들의 영양제 치료는 보장받아야 함이 마땅하지 않을까?

### ✓ Check point

1. 치료목적으로 영양제 처방을 받았다면 치료목적 소견서 필수
2. 청구상병과 식약처 허가된 치료제 일치해야 분쟁 없이 보험금 수령 가능(약학정보원에서 효능 확인)
3. 암환자들의 영양제 투여 비용도 보험금 지급 대상 판결
4. 보험금지급상세내역 확인을 통해 영양제 보상여부 확인 필수
5. 치료와 상관없이 처방된 영양제 보상 제외
6. 예방 모범 규준(2022.5.12시행)에 따라 지급심사 강화
   - 비급여약제 중 다음 항목 어느 하나에도 해당하지 않는 경우(4대중증질환 치료목적인 경우는 제외)
     (1) 약사법령에 의하여 약제별 허가사항 또는 신고된 사항으로 사용된 경우
     (2) 요양급여 약제가 관련 법령 또는 고시 등에서 정한 별도의 적용기준대로 비급여약제로 사용된 경우
     (3) 요양급여 약제가 관련 법령에 따라 별도의 비급여사용승인절차를 거쳐 그 승인내용대로 사용된 경우
   - 표준화된 코드를 사용하지 않은 경우로서 세부 성분이 확인되지 않은 경우

# 프로와 아마추어
## 열공성 뇌경색

그 해는 여름휴가도 건너뛸 만큼 분주하게 계절을 보냈다. 겨우 9월이 되어서야 뒤늦은 휴가 계획을 세울 수 있었다. 지도를 살펴보다 강원도 동해 쪽에 사는 선배에게 전화를 걸었다. 선배는 없었고, 선배의 어머니가 전화를 받으셨다. 구수한 강원도 사투리로 내가 좋아하는 제육볶음을 해놓을 테니 빨리 오라는 말에 휴가지를 찾는 수고는 더 이상 필요 없었다. 이미 마음은 강원도 어디쯤을 향하고 있었다.

"아이고, 내가 얼마 전에 두통이 심해 병원에 들렀는데, 그 뭐라더라… 맞다! 뇌경색이라 그러더라. 혹시 이런 것도 보험이 될라나?"

선배 모친이 내 밥숟가락에 반찬을 올려 주시며 물었다. 옆에서 함께 식사를 하던 선배는 모친의 병환을 모르고 있었던 듯 염려스러운 눈빛으로 모친과 나를 바라봤다.

얼마 후 선배의 모친과 함께 병원에 들러 확인한 진단명은 '열공성 뇌경색(질병코드 I63.9)'이었다. 보험에 가입한 지도 오래됐고 과거 유사한 질병 치료력도 없었기에 당연히 별 문제없이 보험금이 지급될 거라고 호언장담하고 보험금을 청구했다. 그런데 보험회사로부터 납득하기 어려운 전화를 받았다.

"당사 자문 의사의 판단 결과, 뇌경색이 아닌 뇌경색 후유증으로 판단되어 보험금 지급사항에 해당하지 않습니다"

주치의의 진단을 무시하고 자문의사의 자문결과에 따라 보험금 지급여부가 결정된다니 이해할 수 없었다. 보험금 지급 심사가 지연되면서 선배의 모친은 이리저리 해결해보려 애쓰는 나에게 부담을 주고 싶지 않으셨는지 손해사정사를 고용하여 보험금 재청구를 진행하셨지만 결과는 동일하게 부지급 결정이 내려졌다.

선배 모친은 보험회사의 일방적인 태도에도 불구하고 본인은 괜찮다며 오히려 나를 걱정해 주셨다. 보험금 지급조사 결과가 명확하게 이해되기 전까지는 도저히 이대로 물러설 수 없었다.

## 열공성 뇌경색, 보험금 분쟁이 발생하는 이유는?

열공성 뇌경색은 전체 뇌졸중 환자의 약 25%를 차지하고 있는 질환이다. 우리 뇌에는 무수히 많은 혈관이 지나다니고 있고 뇌경색의 종류도 여러가지다. 열공성 뇌경색은 뇌의 미세한 혈관이 막혀 발생하는데 증상이 나타나지 않거나 일반적인 뇌경색에 비해 경미한 증상을 나타내는 경우가 많다.

뇌의 작은 혈관에만 경색증이 발생하는 열공성 뇌경색에 대해 어떤 질병으로 분류해야

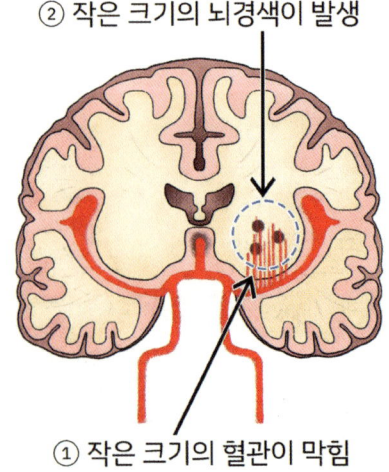

하는지에 대해 기준이 명확하지 않고 오로지 의사의 판단영역에 맡겨져 있다보니, 환자를 마주하는 의사마다 열공성 뇌경색에 대한 판단이 달라질 수 있다. 동일한 열공성 뇌경색 환자에 대하여 어떤 의사는 뇌경색(질병코드I63.8)으로, 또다른 의사는 단순 두통(질병코드R51), 일과성 뇌허혈 발작(질병코드G45), 뇌혈관질환 후유증(질병코드I69) 등으로 다르게 진단할 수 있다. 그런데 의사의 진단이 달라진다는 것은 곧 보험금의 적용이 달라질 수 있음을 의미한다.

뇌출혈, 뇌졸중, 뇌혈관 진단비 지급기준은 주치의가 신경학적 검진과 함께 영상에서 확인된 병변을 토대로 최종적으로 판단한 경우이다. 의사의 진단코드에 따라 해당 특약의 진단비 지급 여부가 결정되기 때문에 보험회사는 해당 질병의 적용여부를 엄격히 판단하고 있다. 보험회사는 '열공성 뇌경색은 뇌경색의 후유증(질병코드I69)으로 봄이 더 타당하기 때문에 뇌경색으로 볼 수 없고, 약관에서 규정한 뇌경색의 진단비는 일반적인 뇌경색에만 지급된다'며 열공성 뇌경색에 대한 뇌졸중 진단비 지급을 거절하였다.

## 의료자문, 뇌졸중 진단비 분쟁의 중심

열공성 뇌경색은 진단서상 상세불명의 뇌경색증으로 질병코드는 I63.9가 부여된다. 뇌졸중 진단비의 보장 질병을 살펴보면 질병코드 I63인 뇌경색이 포함되어 있다. 그렇다면 주치의의 판단으로 I63에 해당하는 뇌경색 진단을 받았다면 열공성 뇌경색에 대해 뇌졸중 진단비는 지급되어야 하는 것이 타당하다.

그런데 문제는 보험금의 지급 여부가 주치의의 판단이 아닌 다른 의사의 자문결과가 우선시되며 보험회사의 부지급 결정을 뒷받침한다는 것이다. 뇌경색을 일으킬 만한 병력 또는 신경학적 증상이 없거나, MRI/MRA 검사상 혈관의 폐쇄/협착이 없는 경우, 경미한 뇌경색의 경우, 무증상이거나 치료가 필요없는 경우, 뇌경색으로 인한 신경학적 결손이 없는 경우, 영상검사결과 판독지 내용상 다른 병명이나 코드로 볼 수 있는 경우 등 다양한 의료자문 결과로 뇌졸중 진단비 지급대상으로 인정받지 못하고 있다.

## 법원의 판단도 제각기

질병분류체계를 해석하고 의학적 평가를 하여 적정한 질병코드를 부여하는 것은 의사의 고유 권한이기에 보험금 지급에 문제가 생길 것이라고 일말의 걱정도 하지 않은 보험 소비자들을 비웃기라도 하듯 열공성 뇌경색에 대한 법원의 판단 역시 사건별로 상반된 입장을 보였다.

**대구지방법원2013나16051 - 뇌경색증(I63)으로 인정하지 않은 판결**

무증상 열공성 뇌경색은 한국표준질병사인분류상 적용할 수 있는 질병코드가 없고 부득이 부여를 해야 한다면 I63.9(상세불명의 뇌경색증)가 아닌 I67.9(상세불명의 뇌혈관질환)에 해당한다.

**서울고등법원2011나4935 - 뇌경색증(I63)으로 인정한 판결**

보험계약의 약관이 규정하는 I63에 해당하는 뇌경색에 열공성 뇌경색까지 포함되는지 여부에 관하여 다의적으로 해석이 가능하여 약관 조항의 뜻이 명백하지 아니한 경우에 해당한다고 볼 수 있으므로, 이는 약관 규제에 관한 법률 제5조 제2항이 규정하는 '작성자 불이익의 원칙'을 적용하여 열공색 뇌경색 또한 I63 뇌경색(증)에 해당한다고 해석함이 타당하다.

## 분쟁의 당사자가 되지 않으려면

보험을 가입하면서 분쟁이 발생할 여지가 있음을 알고 가입하는 소비자는 없을 것이다. 더군다나 약관이 불분명하여 분쟁이 발생하는 것이 아니라 약관이 명확함에도 적용에 있어 의학적 판단 기준이 불분명하여 분쟁이 발생하는 것은 보험을 가입하는 소비자가 감히 예상할 수 없는 일이다.

아픈 것도 서러운데 보험금 지급까지 말썽이라면 얼마나 황망스러울까. 상대적으로 의학적, 보험적 지식이 부족한 보험 소비자가 본인을 지킬 수 있는 방법은 애초에 분쟁을 최소화할 수 있게 보장범위를 넓게 가입하는 것이 중요하다.

상품의 발달에 따라 뇌 관련 진단비는 과거 뇌출혈진단비(I60,I61,I62)부터 뇌졸중진단비(I60,I61,I62,I63,I65,I66), 뇌혈관진단비(I60-69)로 발전해왔다. 보장범위의 순으로 본다면 뇌혈관진단비가 가장 넓은 범위의 진단비다. 만약 뇌혈관 진단비로 가입이 되어 있다면 열공성뇌경색의 질병코드 해석의 분분함에 크게 영향없이 보험금을 수령할 수 있다.

〈 보험약관상 뇌질환 범위 〉

**뇌혈관 질환 진단비**
- I64. 출혈 또는 경색증으로 명시되지 않은 뇌졸중
- I67. 기타 뇌혈관 질환
- I68. 달리 분류된 질환에서의 뇌혈관 장애
- I69. 뇌혈관 질환의 후유증

**뇌졸중 진단비**
- I63. 뇌경색
- I65. 뇌경색증 유발하지 않는 뇌전동맥 폐쇄 및 협착
- I66. 뇌경색증 유발하지 않는 대뇌동맥 폐쇄 및 협착

**뇌출혈 진단비**
- I60. 지주막하 출혈
- I61. 뇌내출혈
- I62. 기타 비외상성 두개내 출혈

## 고객의 든든한 동반자, 나는 보험전문가 입니다.

돌이켜보면 보험영업 3년차, 나를 아들처럼 예뻐해 주셨던 선배 어머님의 보험금 지급 분쟁이 지금의 나를 있게 한 큰 전환점이었다. 당시의 나는 보험 설계사로서 열심이긴 했지만, 의학관련 지식도 보험금 지급 관련 경험도 많지 않았다. 그럼에도 주치의보다 자문의의 결과를 토대로 보험금 지급 여부를 결정하는 보험회사의 태도를 받아들일 수 없었다.

보험회사의 지급거절에 대해 어떻게 대응해야 할지 의학 자료와 판례 자료 등 다양한 반박자료를 찾기 위해 매달렸었다. 지금 생각해보면 내가 무슨 생각으로 그때 주치의, 손해사정사와 삼자대면을 했는지, 무척이나 용감했던 것 같다.

한 달이라는 시간 동안 보험회사, 손해사정사와 실랑이를 벌였고, 결국 삼자대면 자리까지 만들었다. 다행히 주치의 선생님이 본인의 진단소견을 강력하고 정확하게 보험회사 손해사정사에게 설명하셨고, 기나긴 논쟁 끝에 삼자대면이 끝나고 1시간 뒤 2천만 원의 진단비를 받을 수 있었다. 물론 지연이자까지 챙겨 받았지만 무엇보다 보험회사 직원의 진심어린 사과가 한 달여간 마음 졸인 어머님과 나를 위로해주었다.

뇌경색 중에서도 병변이 작은 열공성 뇌경색, 병변이 작다는 것은 그만큼 증상과 후유증이 경미한 경우가 많다는 것을 의미한다. 치료의 성과와 예후 역시 좋은 편에 속하다보니 환자 입장에서는 불행 중 다행일 수 있다. 그런데 보험 소비자에게는 보험회사와 진단비 지급 분쟁을 해결해야 하는 골머리를 썩게 될 우려가 높은 질환이다.

열공성 뇌경색의 경우처럼 의학적 판단과 질병코드 부여가 개별 의사마다 달라질 수 있는 질병은 존재할 수 있다. 의사의 판단이 달라짐에 따라 보험금 지급액이 달라지고 보험금의 지급여부가 결정되는 사안에서 보험회사가 자체적인 의료검토 및 의료자문 절차를 통해 주치의의 진단을 부인하거나 후유증상이 없다는 이유로 보험금을 지급하지 않는 것은 부당하다. 보험금 심사의 기준은 엄연히 환자를 치료한 주치의의 판단이 우선되어야 할 것이다.

열공성 뇌경색 분쟁은 우리에게 보험의 의미를 다시 한번 생각해보게 만든다. 보험은 말 그대로 위험을 대비하기 위해 준비하는 것이다. 만약을 위해 가입한 보험이 막상 혜택을 봐야 할 시점에 분쟁이 발생하여 지급에 어려움을 겪는다면, 보험의 의미가 사라지는 것이다. 따라서 보험을 가입함에 있어 가장 중요한 것은 보험료가 아니라 내가 받아야 할 보험금임을 소비자는 명심해야 한다.

> ✔ **Check point**
> 1. 담당 주치의 소견을 단순히 진료기록을 토대로 의료자문한 의사보다 우선해야 함
> 2. 진단서상 열공성 뇌경색(I63.9) 진단
>    - 두통(R51), 기타 중추신경계통의 진단적 영상 이상 소견(R90) 등 진단 받으면 보험금 지급사유 해당하지 않음
> 3. 보장범위가 넓은 뇌혈관진단비 및 뇌혈관 관련된 보험 가입 추천
> 4. 열공성 뇌경색(I69.3) 진단을 받았다면 전문가 상담 추천

## 누가 죄인인가, 현 의료자문의 민낯

보험금 청구 시 깨알 같은 글씨로 안내되는 내용 중 하나가 의료자문이다. 보험금 지급 관련하여 회사와 고객 사이에 분쟁이 생긴다면 제3의 자문의의 의견에 따를 수 있다는 내용이다. 언뜻 보면 공정할 것 같은 이 의료자문 제도가 소비자에겐 보험회사보다 넘기 힘든 통곡의 벽이 되어버린게 현실이다. 보험회사, 손해사정사, 주치의까지 삼자대면이 가능했었던 것은 어찌보면 굉장히 로맨틱한 과거 호시절 얘기다.

| 보험회사 의료자문제도 주요 쟁점 | 계약자 입장 | 보험회사 입장 |
|---|---|---|
| 부지급률 증가 | "보험금 지급 거부 수단 악용" | "허위 입원·치료 기승부려 확인 필요" |
| 자문의 면담 의무화 | "면담 안하면 보험사에 유리하게 판단" | "전문의 면담 현실성 낮아, 제도 유명무실화 우려" |
| 정보비대칭성 | "계약자에 충분한 정보 제공안해" | "궁극적으로 제3의 별도 자문기관 설립해야" |

얼마전 허리 치료중인 고객의 도수치료 보험금 청구 관련하여 보험회사는 보험금 지급심사 과정에서 제3자문의의 진단을 들이밀며 보험금 지급을 거부했다.

수십 페이지에 달하는 자문서에는 과잉진료, 과잉치료라는 얘기로 가득 차 있었다. 이 분이 가입한 해당 약관은 도수치료의 횟수가 제한되어 있지 않음에도 보험회사는 제3자문의의 소견에 따라 과잉진료에 따른 치료로 10회에 한정한 치료에 대해서만 보험금 지급이 가능하다는 태도를 보였다. 고객의 주치의 역시 해당 자문의 답변서에서 근거로 내놓은 10회의 횟수는 일부 학계의 의견임을 주장하며 본인의 치료는 환자를 직접 본 의사로서 환자에게 필요한 치료였음을 증빙할 수 있는 다른 학회의 자료를 첨부하여 의견서를 내주었다. 하지만 보험회사는 주치의의 추가 의견은 받아들이지 않았고 제3자 자문의의 의견으로만 결론지어졌다. 결국 보험회사에겐 주치의의 목소리는 대답없는 메아리일 뿐이다. 고객의 증상 및 상태를 실제로 보지도 않은 종합병원 자문의의 의견은 하늘같은 고견이지만 실제 고객의 치료를 전담했던 주치의의 의견은 의학적 근거가 없는 치료라 묵살해버리는 것은 결국 대형병원보다 더 근거리에서 밀접하게 환자를 돌보는 병의원급 의사들을 모욕하는 처사 아닐까. 과연 보험회사가 감히 그 판단을 할 수 있는 주체인가.

이제 고객도 모자라 고객의 진료를 본 주치의에게까지 보험회사의 손이 뻗치고 있다는 기사를 접했다. 기사에 따르면, 대학병원에 근무중인 교수가 한 보험회사로부터 '진단서 작성 기준에 대한 의견 요청'이라는 제목의 내용증명 우편물을 받았다고 한다. 예를 들어 50% 이상의 협착이 없는 환자에게 "뇌혈관 협착 및 폐쇄 진단"을 확정하는 것은 과잉 진단의 우려가 있다는 것이 보험회사의 입장이다. 본래 진단은 의사의 고유 영역인데, 보험회사가 의사에게 진단을 어떻게 내려야 하는지 거꾸로 알려주고 있는 꼴이라니.

오죽하면 보험회사가 이러겠냐는 의견에도 동의한다. 얼마전 나도 누군가의 무용담을 전해들었다.

"고객님, 돈 필요하죠. 보험 가입하고 3년 있다가 '스텐트' 하나 박으면 심혈관 진단비랑 수술비 받고 납입면제까지 될 수 있어요."

"저 아직 아무 이상 없는데.. 3년 뒤에 진단이 나올까요?"

"나이 들어서 혈관 깨끗한 사람이 어디 있나요. 다 막힌 데는 있기 마련이에요. 제가 알아서 할게요. 제가 다 병원 라인 만들어놨어요. 그런데 20만 원 이상은 가입하셔야 해요"

보험 가입 후 3년이 지나면 뇌, 심장 혈관질환 진단금을 받게 해줄테니 보험을 가입하라고 안내하는 설계사가 있단다. 그동안 후유장해 관련해서는 손해사정사의 입김이 가능한 병원에서 좀 더 높은 장해율을 평가받아 후유장해보험금을 수령하는 것은 업계의 공공연한 사실이었다. 그런데 진단금의 영역까지 침범해오다니 나 또한 놀라지 않을 수 없었다. 진단, 수술행위까지 이루어져야 하기 때문에 단순히 손해사정사의 능력에서 벗어나 의사에게도 암흑의 손길이 닿았을 가능성이 높기 때문이다.

그 무용담을 전해들은 그날 밤, 씁쓸함에 평소 입에 대지 않던 술이 고팠다. 털어서 먼지 안나는 일이 있으련만 10년이 넘게 보험업계에 종사하며 정당하게 업무를 하려 노력했지만, '고객 입장에서는 어떻게 해서든 보험금을 받게 해주는 설계사에게 더 고마움을 느끼고 능력있는 설계사로 기억하지 않을까?'란 무서운 생각이 들었다.

의료자문의 첫 시작은 정당한 보험금의 지급을 위해서 였을 것이다. 그런데 분명 보험회사에게만 유리하게 작용하는 의료자문 행위는 이유를 막론하고 문제가 있다. 보험회사의 손해율을 높이는 수익을 목표로 한 과잉 진단과 진료, 보험금을 목적으로 한 과잉 치료는 분명 문제이고 뿌리뽑고 해결해야 할 난제이다. 다만 죄인의 굴레는 그들에게만 한정되어야 하며 계속적으로 반복하여 병원치료를 받는 환자, 치료를 진행하는 주치의를 잠정적 범죄자로 낙인찍는 것은 지양되어야 한다. 또한 보험가입자가 직접 의료자문의를 대면해 진료를 받는 것이 아니며, 보험회사가 지정한 의사가 해당 병원 출신 의사일뿐 현재 그 병원에 재직중인 의사가 아닌 유령의사인 경우도 있는 등 보험회사가 지정한 의료자문행위가 신뢰성이 보장되지 않는다는 목소리가 있다. 더군다나 대부분의 의료자문 결과는 소송에서 증거로 채택되지 않는 참고자료에 불과하지만 가입자와의 보험금지급조사 단계에서 의료자문을 절대적인 판단근거로 내세우는 보험회사의 태도가 아쉽다.

허리치료를 위한 도수치료 관련 보험회사와의 분쟁 속에 고객의 힘빠진 목소리가 내 마음을 후벼팠다.

자문해주신 의사분께 치료받으면 제 병이 다 나을까요. 통증만 사라지면 좋겠어요….

과잉진료, 과잉치료 라 함부로 판단할 수 없다. 대부분의 환자는 진짜 치료가 필요했을 뿐이다.

# 병원 브로커에 피해 입는 선량한 환자들
## 백내장 수술

고객 미팅을 마치고 사무실로 돌아가기 위해 지하철에 몸을 실었다. 객차 내에 노인 한 분이 꽃바구니를 품에 꼭 안고 의자에 앉아 계셨다. 내내 휴대폰으로 지도를 살펴보시는 걸로 봐서는 꽃배달을 하시는 듯 싶었다. 꽃바구니에 곱게 묶여 있는 리본과 글씨가 눈에 들어왔다. '축 근속 35주년, 아버지의 퇴직을 축하드립니다' 그 리본 글씨 중 35년이라는 부분에서 한참이나 시선이 멈췄다. 수많은 고민과 고뇌가 녹아 있을 숫자였다. 그 숫자의 무게감에 가슴이 먹먹해졌다. 가족을 위한 그 긴 시간 동안의 헌신에 숙연해졌다. 아침 출근길 소소한 일로 가족에게 퉁명스럽게 했던 내 모습이 꽃바구니보다 더 작게만 느껴졌다. 지하철을 내려서 걸어가는 중 이전 함께 일했던 선배로부터 전화가 걸려왔다. 오랜만의 연락이라 반갑게 안부인사를 전했다. 그런데 선배는 내게 뜻밖의 제의를 건넸다.

"고객들 중 병원에 소개시켜 줄 만한 사람들 있어?" 상담이 필요한 분들을 소개받는 게 익숙한 나에게 거꾸로 사람을 소개시켜 달라니.. 더욱이 '환자' 소개라는 것도, 환자가 아니어도 안과 치료를 받을 만한 사람들이면 된다는 것도 이해되지 않았다. 전화를 끊고 가만히 생각해보니 최근 읽었던 뉴스기사가 머리 속을 스쳤다. '보험사기 브로커'

환자를 유인하고 알선해주면 금전적 이익을 받을 수 있다며 의사도, 브로커 업체도 얽혀있다던데.. 지금 나한테까지 브로커 제의가 온 건가? 선배에게 느껴진 실망감과 내 직업과 고객을 이용하려 했다는 불쾌함이 머릿속을 휘감았다. 이동 중에 본 퇴직 축하 문구가 다시금 떠올랐다. 보험 설계사가 평생직업이 될지 어떨지는 당장 장담할 수는 없지만, 일하는 동안만큼은 부끄럽게 일하지 않겠노라 다시 한번 다짐했다.

그리고 며칠 후, 잘 알고 지내던 고객으로부터 연락을 받았다. 눈에 염증이 있어 안과에 갔는데, 병원으로부터 수백만원이나 하는 시력 교정 렌즈 삽입술을 실손의료보험으로 할 수 있으니 꼭 수술하라는 말을 들었다는 거다. 그리고 정말 실손의료보험 보상이 가능한지를 물어왔다. 선배가 권유했던 안과 치료 환자가 바로 내 고객이었다.

"눈이 불편하세요?"

"그건 아닌데… 눈에 좋다고 하고, 돈도 들지 않는다고 하니… 혹시나 해서.."

아마도 병원에서 들은 수술 권유 때문인 것 같았다.

백내장 수술, 실손의료보험 약관의 적용 기준이 다르다.

국민건강보험공단 자료에 따르면 매년 가장 많이 이루어지는 수술은 백내장 수술이다. 백내장 수술은 뿌옇게 탁해진 수정체를 제거하고 새로운 인공수정체(단초점 또는 다초점 인공수정체)를 삽입하는 수술이다.

수술하는 사람이 한 해 평균 약 40만 명 정도 되는데 언제부터인가 저렴한 단초점 인공수정체 삽입술 대신 한쪽 눈에 약 500~1,000만 원의 비용이 발생하는 다초점 인공수정체 삽입술이 성횡하기 시작했다.

고가의 수술이긴 하지만 환자가 가입한 실손의료보험에서 본인부담금을 제외한 수술비용의 대부분을 보험금으로 돌려받을 수 있다는 사실에 병원에서도 공격적인 마케팅이 이루어졌다. 이에 보험회사의 지급 손해율은 가파르게 상승하였고, 결국 2016년 1월을 기점으로 약관이 개정되었다.

> **약관정보**
>
> **2016년 1월 이전 약관**
> **[보험금을 지급하지 않는 사유]**
> 외모개선 목적의 치료로 인하여 발생한 의료비
> 가. 쌍꺼풀수술(이중검수술), 코성형수술(융비술), 유방확대·축소술, 지방흡입술, 주름살제거술 등
> 나. 사시교정, 안와격리증의 교정 등 시각계 수술로써 시력개선 목적이 아닌 외모개선 목적의 수술
> **다. 안경, 콘텍트렌즈 등을 대체하기 위한 시력교정술**

> "당신의 보험금을 지켜주는 착한 레시피" **보험금 전쟁에 대비하라**

> **약관정보**
>
> **2016년 1월 이후 약관**
>
> [보험금을 지급하지 않는 사유]
>
> 국민건강보험 비급여 대상으로 신체의 필수기능개선 목적이 아닌 외모개선 목적의 치료로 발생한 의료비
>
> 안경, 콘텍트렌즈 등을 대체하기 위한 시력교정술(**국민건강보험 요양급여 대상 수술방법 또는 치료재료가 사용되지 않은 부분은 시력교정술로 봅니다.**)

약관에 따라 2016년 1월 이후 실손의료보험 가입자는 다초점 인공수정체를 삽입하는 백내장 수술에 대해서는 보험금을 받을 수 없다. 다초점렌즈 삽입술이 국민건강보험 요양급여 대상에 해당되지 않는 수술이기에 보상하지 않는 손해에 해당되기 때문이다. 그러나 2016년 1월 이전에 가입한 사람들은 해당 사항이 없으므로 단초점, 다초점 렌즈 상관없이 보험금을 받을 수 있다.

## 2016년 1월 이전 가입자 보험금 심사 강화

2016년 1월 이전 가입자들은 약관의 개정과는 전혀 상관이 없기 때문에 기존 약관내용에 따라 수정체 종류에 상관없이 백내장 수술에 대한 보험금 수령이 가능하다. 이

에 2016년 1월 이전 가입자를 대상으로 한 백내장 수술 관련 의료마케팅은 날이 갈수록 더해졌다.

백내장이 아닌 단순 노안 임에도 백내장 수술을 진행하는 경우도 비일비재했다. 일부 안과에서는 브로커를 통해 교통편과 숙박비까지 지원하여 수술대상자를 모집하기도 했다. 일부 환자들은 다른 환자를 소개할 때 병원비의 일부를 소개비 명목으로 돌려받는 일도 있었다.

이를 보험회사가 좌시할 리 없었다. 보험회사는 백내장 수술에 대한 실손의료보험금 지급에 심사 강화라는 칼날을 내밀었다. 모든 가입자들을 잠재적 보험사기꾼으로 바라보며 보험금을 지급하지 않을 이유들을 내세웠다.

그동안 진단서와 수술확인서만 있으면 보험금 지급에 문제가 없었는데 갑자기 약관에서는 찾아볼 수도 없던 자체 심사 규정을 만들었다. 세극등현미경검사나 혼탁도분류기재(LOCS) 검사 결과를 요구했고, 환자를 직접 진료하지 않은 제3의 전문의에게 의료자문을 받아 백내장 수술 보험금 지급 조건에 부합하지 않는다며 보험금을 지급하지 않는 일이 빈번히 발생하였다.

하지만 일부 병원과 소비자의 정당하지 않는 의료행위가 있었음에도 위와 같은 보험회사의 대응은 정당화 될 수 없다. 엄연히 실손의료보험은 가입자가 지출한 의료비의 일부를 보상하는 상품이며, 치료비가 많이 드는 비급여 치료라는 이유만으로 보험회사는 보험금 지급을 거절할 수 없다.

## 백내장 수술에 대한 새로운 판결

실손의료보험 약관을 살펴보면, 입원의료비는 가입시기에 따라 다르지만 대부분 5천만원 한도로 보상하고, 통원의료비는 25만원, 약제비는 5만원 한도로 보상한다. 그동안 2016년 1월 이전 가입자들이 한쪽 눈에 약 500만~1,000만원에 해당하는 다초점 인공수정체 삽입술 비용의 대부분을 실손의료보험에서 받을 수 있었던 이유는 바로 입원의료비로 보상받았기 때문이다.

2016년 1월 이전 가입자들의 다초점 렌즈삽입술에 대한 지급심사 강화는 보험회사에게 강력한 무기가 되지 못했고, 어떻게든 원천적으로 보험금 지급을 막고 싶은 보험회사는 그동안 입원의료비로 보상되었던 백내장 수술에 대한 보험금 지급 적용 항목 자체를 바꿔버리는 묘안을 냈다.

입원의료비가 아닌 통원의료비 한도 내에서 보상해야 한다는 것이었다. 보험회사는 다초점 인공수정체 삽입술을 받은 소비자에 대해 위 수술은 통원 치료에 해당한다며 보험금 지급을 거절하였고, 보험금 지급할 의무가 없다는 채무부존재 확인 소송을 제기하였다.

2022년 6월, 대법원 심리불속행 기각으로 2심법원의 판결이 확정되었고 보험회사의 주장대로 법원은 해당 소비자의 백내장 수술은 통원의료비에 해당하는 보험금만 지급할 의무가 있음을 판시하였다. 따라서 5,000만원의 입원의료비 한도가 아닌 25만원의 통원의료비 한도에 따라 한쪽 눈당 외래 25만원씩 50만원이 지급되게 된 것이다.

**대법원 2022. 6. 16선고 2022다216749**

1. 입원치료는 단순하게 입원시간만으로 인정할 수 없고 환자의 증상, 진단 및 치료내용과 경위, 환자들의 행동 등을 종합하여 판단 필요
2. 백내장 수술은 6시간 이상의 의료진의 관리 및 관찰이 필요한 수술에 해당한다고 보기 어려움
3. 백내장 수술 후 합병증 등 후유증 발생 가능성이 있다는 사정만으로 입원치료 필요성 인정은 어려움

2심 법원(서울고등법원 2021나2013354)은 실손의료보험 입원의료비 대상으로 인정받기 위해서는 보건복지부 고시기준으로 최소한 6시간 이상 입원실에 머무르며 의료

처치, 관찰을 받아야 한다고 하였다.

그런데 해당 소비자의 경우 준비부터 수술 종료까지 2시간 정도가 소요 됐을 뿐 얼마나 병원에 머물렀는지 어떤 처치를 받았는지 구체적인 관리 이력이 없고 해당 병원은 입원실도 없는 곳이었기 때문에 입퇴원 확인서 만으로 입원 치료로 단정지을 수 없어 통원치료에 해당한다고 판단되었다.

보험회사는 대법원 판결 이후 대부분의 백내장 수술에 대해 통원의료비로 지급하고 있는 실정이다. 하지만 이 하나의 개별 판결을 모든 상황에 일괄적으로 적용하는 것은 분명 무리가 있는 처사이다.

해당 사건에서는 환자가 병원에 머무르며 치료받은 내용을 확인 할 수 없었기에 입원으로 인정받을 수 없었지만, 백내장 수술 후 실제로 6시간 이상 병원에 머무르며 치료를 받고 이에 대한 내용이 구체적으로 진료기록에 작성되어 있다면 이는 개별적으로 판단이 이루어져야 한다.

무조건적으로 백내장 수술은 통원의료비 항목이 적용되는 내용이 아니며, 실제 합병증 등의 이유로 수술 이후 6시간 이상 병원에 머물며 의료처치, 관찰을 받아 입원치료를 받았다는 형식적, 실질적 필요성이 인정이 된다면 입원의료비 항목으로 인정받아 보상받을 여지가 있다고 볼 수 있다.

## 누구를 위한 수술이었던가

2022년 보험업계의 가장 큰 이슈는 바로 백내장 수술이라고 해도 과언이 아니었다. 2022년 4월 백내장 보험금 지급 기준 강화를 앞두고 3월경, 일부 안과에서는 다초점 인공수정체 삽입술에 대해 실손의료보험금을 받을 수 있는 마지막 기회라며 절판마케팅을 벌였고, 고객들의 문의가 빗발쳤다. 실제로 수술건수 또한 평소의 몇 곱절은 급증했었다.

실제 2022년 6월 대법원 판결 이후 백내장(다초점인공수정체) 수술 분쟁은 보험회사의 일방적 행보로 일단락된 상황이다. 대부분의 보험회사는 입원의료비가 아닌 통원의료비 한도내에서 보상처리를 하고 있다. 분명 환자 개인의 건강상태에 따라 개별적으로 입원의 필요성이 판단되어야 함에도 보험회사는 입원의 적정성 여부의 결론을 자체적으로 내어 적용하고 있다.

보험회사가 지급한 전체 보험금 중 상당부분을 백내장 수술비가 차지했다. 오죽하면 금융감독원이 백내장 수술보험금 청구 급증과 관련하여 백내장 보험사기 특별 신고 포상제도까지 운영했으랴. 그만큼 보험회사 입장에서는 백내장 수술을 심판대에 올릴 필요가 있었을 것이다.

그런데 문제는 이로 인해 꼭 필요해서 백내장 수술을 받고도 보험금을 제대로 받지 못하는 선의의 피해자가 생길 수 있다는 점이다. 보험을 가입하며 보험회사와 보험금 분쟁이 생길 것이라 생각하며 가입하는 소비자가 몇이나 있을까.

백내장 수술과 관련한 보험금 분쟁의 가장 큰 책임은 소비자도, 보험회사도 아닌 일부 안과 의사들임을 인식해야 한다. 치료비의 대부분을 보장받을 수 있는 실손의료보험 제도를 이용하여 고가의 치료를 환자들이 받게끔 부추겼으며, 알선 비용까지 대동한 의료법 위반 행위까지 일삼았다.

그럼에도 분쟁의 당사자는 보험회사와 환자인 소비자였으며, 일부 의사들은 분쟁의 결과에 상관없이 어마어마한 이득을 취했다. 재주는 곰이 부리고 돈버는 사람 따로 있다더니, 영락없는 그 꼴이다. 객관적인 진단 결과에 따라 수술여부와 입원의 필요성 등을 결정하는 의사로서의 전문가적 양심이 어느 때보다 절실한 시점이다.

다초점렌즈삽입술의 실손의료보험 보상 가능여부를 물었던 고객은 결국 내 조언에 따라 수술대에 오르지 않았다. 실제 고객들의 문의에 대한 나의 대답은 누군가에겐 융통성 없이 들렸을지도 모른다. 병원에서도 보험금 받는데 문제없이 처리 가능하다는 설명을 들었을 고객에게 나는 수술이 필요한 상태에 해당이 되는지 거듭 확인을 했고, 부정적인 답변을 건넨 내가 섭섭했을 수도 있다. 하지만 나는 오늘도 내 고객이 정당한 권리를 행사하고 보상받을 수 있도록 타협하지 않고 정도를 걷겠다고 다짐해본다.

### 〈백내장 실손보험금 지급기준 정비 방안〉

백내장 실손보험금과 관련하여 금융위원회에서 '백내장 실손보험금 지급기준 정비 방안'이 발표되었다(2023년 12월 28일). 이를 요약하면 아래와 같다.

1) 과잉진료, 부당청구 우려가 적은 고령자(수술일 기준 만 65세 이상) 대상 수술, 단초점 렌즈(건강보험 급여항목)를 사용한 수술, 종합병원 및 상급종합병원에서 시행한 수술에 대해서는 의사의 백내장 진단이 확인되고, 보험사기 정황 등이 없는 경우 추가 증빙자료 없이 수술 필요성을 인정

2) 백내장 수술 시 기저질환, 합병증·부작용 발생, 타 수술 병행 등의 경우 입원이 필요할 수 있는 점을 고려하여, 소비자가 입원 필요성을 입증할 수 있는 객관적인 증빙서류를 제출하는 경우 입원보험금이 지급되도록 보험회사의 보상기준을 명확화할 예정

3) 실효성 있는 소비자 피해 구제를 위해 상기 지급기준 정비 방안은 과거 청구 건(2021년~정비방안 발표일 이전 수술건)에도 소급 적용

2023년 12월 금융위원회·금융감독원은 백내장 실손보험금 지급과 관련하여 선의의 소비자 불만 등을 최소화하기 위해 보건당국 협의 등을 거쳐 백내장 실손보험금 지급기준 정비방안을 내놓았다.

살펴보면 통원보험금으로 지급하라는 대법원 판결의 내용을 한번 더 견고히 하는 내용이 아닌가 싶을 정도로 소비자의 입장은 철저하게 무시된 듯 보인다. 이미 논쟁의 여지가 없는 단초점 렌즈삽입술에 대해 추가 자료없이 수술 필요성을 인정하겠다는 선심쓰는듯한 내용은 마치 소비자를 우롱하는 듯 보이며 실제 소비자 불만을 최소화하기위한 지급기준 정비방안으로 내놓은 것인지 의심스럽기까지 하다. 오히려 입원보험금 지급거절 가이드라인이 된 것 같은 느낌이다.

보험 소비자의 피해사례는 백내장에 국한되지 않고 다양한 분야에서 일어나고 있다. 물론 보험을 악용하는 사람들이야 단죄해야 되는게 마땅하다. 하지만 전문성 및 보험 지식이 부족할 수 밖에 없는 보험 소비자를 대상으로 한 보험회사의 횡포 또한 동일하게 감시해야 한다고 생각한다.

### ✓ Check point

1. 2016년 1월 이후 가입자는 다초점렌즈를 삽입하는 백내장 수술은 보상이 되지 않음
2. 2016년 1월 이전 가입자는 입원치료로 인정받을 수 있는 근거자료가 필수
   - 실제 의사의 관리하에 입원이 필요한 상태임이 객관적으로 입증되어야 함
3. 백내장 여부를 확인할 수 있는 근거자료를 확보
   - 세극등현미경검사나 혼탁도분류기재(LOCS) 검사 결과지 등
4. 병원에서 무조건 실손의료보험 적용 받을 있다는 유도에 현혹되지 말 것
5. 고가의 비용이 발생하는 백내장 수술(시술)시 사전 보험회사 또는 담당자 확인

# 국가 보건 복지 제도와 충돌하는 사보험
## 본인부담상한제

최근에 신문을 보다가 흥미로운 기사를 발견했다. 바로 '노후 자금이 얼마나 필요하다고 생각하십니까?'라는 설문 조사 결과와 관련한 기사였다. 그런데 기사 내용을 보고 충격을 좀 받았다. 설문 결과 가장 많은 응답자가 최소 10억 원, 그 다음이 20억 원이었다. 샐러리맨이라면 거의 평생을 쓰지 않고 모아야 되는 거액이 아닐 수 없었다. 지금 당장도 살기 힘들지만 이제는 노후도 만만치 않은 것 같다.

언제부터 노후자금이라는 단어가 생겼나 생각해보게 되었다. 어릴 적만 해도 들어본 적이 없는 단어였다. 과거 노후대책은 돈이 아니라 자식이었다. 그래서 소 팔고, 집 팔고 자식 가르치고, 장가보내고 시집 보내고 그랬었다.

100세 시대 유병장수와 같은 말이 점점 피부로 와닿는 요즘, 자녀들에게 의지하지 않고, 나이 상관없이 경제활동을 하시는 어르신들이 내 주변에도 정말 많아졌다. 60~70대 고객 분들 중에서도 장년층 못지 않게 활발하게 일하시는 분들을 보면 존경스러움이 절로 일어난다.

실제 철물점을 오래 운영하셨던 한 고객 분도 그랬다. 자식에게 한 푼이라도 더 쥐어주려고 하기보다는 당신의 노후를 탄탄히 준비하시며 일할 수 있을 때까지 당당하게 살겠노라 거듭 말씀하셨던 분이었다.

그 분이 최근에 허리 통증으로 병원에 통원 치료를 다니셨고, 관련해서 보험금 청구건으로 연락을 주시곤 했었다. 그런데 얼마 후 통증이 더 심해져, 정밀 검사를 해본 결과 척추전방전위증 진단을 받았고, 결국 수술을 진행하게 됐다.

수술과 회복으로 약 3주간의 입원 생활을 마치고 보험금을 청구하시고는 평소와 다른 보험회사 직원의 말이 잘 이해가 되지 않는다며 전화를 주셨다.

"이전 통원 치료받으면서 보험금 청구한 것처럼 수술 후에도 똑같이 했어. 근데 보험회사에서 무슨 서류에 동의를 하라고 하는데, 보자 '환수확약서?' 이거 싸인해도 되는 건가?"

환수확약서 라는 얘기를 듣자 자연스럽게 '본인부담상한제'가 떠올랐다.

"아버님, 치료에 집중하시고 아직은 서류에 동의하지 말고 계세요." 우선 급한대로 안내를 드리고, 이것 저것 알아보기 시작했다.

## 국가 복지 정책 '본인부담상한제'

본인부담상한제(국민건강보험법 시행령 제19조)는 2004년 7월부터 시행된 제도로, 과도한 의료비 지출로 인한 경제적 부담을 덜어주기 위한 복지정책의 하나이다. 환자가 부담하는 건강보험 본인부담금이 각 개인별 상한액을 초과하는 경우 그 초과금액을 건강보험공단에서 부담하는 제도이다.

기준금액은 소득분위에 따라 1분위부터 10분위까지 구분되며, 2023년 상한액은 1분위 87만 원부터 10분위 780만 원으로 기준금액이 정해져 있다. 예를 들어 2023년 소득 6-7분위에 속하는 건강보험료 직장가입자의 본인부담상한액은 303만 원인데, 연간 진료비 항목에서 본인부담금으로 500만 원을 지출했다면 본인부담상한액인 303만 원까지만 부담하면 되고, 차액인 197만 원은 건강보험공단이 부담해야 하기 때문에 돌려받을 수 있다. 쉽게 말해 소득 대비 지출이 많았다면 그 수준에 따라 국민건강보험공단에서 병원비 일부를 환급해주는 제도인 셈이다.

(단위 : 만원)

| 구분 | | 연평균 보험료 분위 | | | | | | |
|---|---|---|---|---|---|---|---|---|
| | | 1분위 | 2~3분위 | 4~5분위 | 6~7분위 | 8분위 | 9분위 | 10분위 |
| 연도 | 내용 | 하위 50% | | | 상위 50% | | | |
| '24년 | 기본 | 87 | 108 | 167 | 313 | 428 | 514 | 808 |
| | 요양병원 입원일수 120일 초과 | 138 | 174 | 235 | 388 | 557 | 669 | 1,050 |

보건복지부 자료에 따르면, 2021년 개인별 본인부담상한액 확정으로 의료비 본인부담상한액을 초과해 의료비를 지출한 174만 9831명에게 2조 3860억 원이 환급됐으며 개인별로는 평균 1인당 136만 원의 혜택을 받았다고 한다. 그런데 본인부담상한제 시행 이후 수혜자와 지급액은 꾸준히 증가하고 있지만 이 과정에서 소비자와 보험회사간 실손의료보험 분쟁도 많아지고 있는 것이 현실이다.

## 본인부담상한제와 보험금 미지급

한국소비자원에 따르면 본인부담금상한제와 관련한 소비자 피해구제 신청은 계속 늘고 있다. 이유는 보험회사가 본인부담상한제에 따라 건강보험공단에서 환급받을 치료비는 보험금 지급대상이 아니라며 보험금 지급을 거절한 것이다. 본인부담상한제 관련 내용은 가입시기에 따라 약관이 다름에도 불구하고 보험회사에서는 일괄적으로 대응하고 있어 문제가 심화되었다.

본인부담상한제 관련 내용은 2009년 10월 이후 표준화 약관부터 명시되었다. 보상하지 않는 손해를 보면, '국민건강보험공단으로부터 사전 또는 사후 환급이 가능한 금액은 보상하지 않는다'고 기재되어 있다. 보험회사는 이 내용을 근거로 하여 본인부담상한제에 따른 돌려받은 금액에 대해 보험금을 지급하지 않고 있다. 보험회사 임의로 차후년도 본인부담상한액을 산정하여 보험금 지급을 제한하거나, 사후환급을 이유로 이미 받은 보험금 반환을 요청하거나, 초과 환급금에 대한 반환 환수확약서(동의서)를 작성해야만 보험금을 지급하고 있는게 현 실정이다.

그러나 2009년 10월 이전 가입자들의 실손의료보험 약관에는 그 어디에도 본인부담상한제에 관한 내용이 없다. 그럼에도 보험회사는 동일하게 보험금을 지급하지 않고 있는데, 표준약관이 만들어지기 전에 가입한 소비자까지 불리한 본인부담금상한제 규정을 소급적용하고 있는 것이다.

## 풀리지 않는 분쟁의 실타래

그런데 가장 큰 문제는 가슴 뻥 뚫리는 해답이 없다는 것이다. 왜냐하면 본인부담금상한제 사후환급금 성격에 대한 판단이 법원, 한국소비자원, 국민건강보험공단, 금융감독원, 보험회사 등 각 기관별 의견이 다 다르기 때문에 분쟁해결의 기미가 보이지 않는다. 각 의견을 살펴보면 다음과 같다.

먼저 본인부담상한제 초과금에 대한 보험금 지급을 하지 않는 보험회사와 금융감독원, 보험연구원의 입장과 방향은 같다. 실손의료보험과 중복하여 보상할 경우 소비자의 도덕적 해이를 야기하게 되고, 이득금지원칙에 따라 사후환급금은 보상에서 제외해야 한다는 입장이다.

또한 실손의료보험의 원리상 실제 부담한 비용만을 보상해야 하는게 맞으므로 2009년 10월 이전 가입자 약관에 해당 내용이 없다 할지라도 소급적용하는 것이 타당하다고 주장하고 있다.

이에 반해 보건복지부, 국민건강보험, 한국소비자원은 본인부담상한제 초과금에 대해서도 실손의료보험금을 지급해야 한다는 입장이다. 사후환급금은 건강보험 가입자에게 건강보험 혜택을 늘려주는 공적급여로 민간보험과는 성격자체가 다르기 때문에 약관에 상관없이 본인부담상한제 초과금액에 대해 실손의료보험금을 지급해야 한다고 말한다. 상한제 사후환급금에 대해 환자 본인부담금 경감으로 보아 이를 공제하고 지급하는 것 자체가 국민건강보험법에 따른 제도의 도입 취지에 어긋난다는 의견이다.

국민건강보험공단은 보험회사의 본인부담상한제 자료요구에 대한 대응 방법을 안내했다. 일부 보험회사에서 본인부담상한액만큼 감액지급을 위해 가입자에게 건강보험료 납부확인서 등을 요구하는 것에 대해 사후환급 자료는 개인정보 자료로 보험회사에 관련 자료를 제공할 법적 근거가 없음을 명확히 하였다.

법원의 입장도 개별 사안에 따라 상반된 입장을 보이며 보험가입자의 손을 들어주기도 했고, 보험회사의 손을 들어주기도 했다. 단편적으로 보면 보험회사가 승소한 판례, 가입자가 승소한 판례라고 볼 수 있지만 자세히 들여다 보면 사안에 적용된 시기가 다르다.

보험회사의 손을 들어준 대법원 판결(2022다215814)은 본인부담금상한제 규정에 관한 면책규정이 있는 약관을 가입한 소비자가 대상이다. 본인부담상한액을 초과하는 금액은 보험금 지급대상이 아니며, 이미 받은 보험금은 반환해야 할 부당이득임을 판시했다.

그런데 약관에 면책조항이 없는 1세대 가입자를 대상으로 한 판결은 소비자의 손을 들어주었다.(부산지법 2021나40317) 본인부담금 상한제 관련 면책규정이 없기 때문에 이미 돌려받은 보험금이 소비자의 부당이득이 아니라고 판시하였다. 이 사안은 보험회사가 최종적으로 항소하지 않아 대법원의 판결은 없다.

그렇다면 약관에 명시가 된 가입자들에게 적용되는 대법원 판례가 있지만, 엄연히 면책규정이 약관에 없는 1세대 가입자들에게는 적용해서는 안되기에 실손의료보험금을 다 받아야 하는 것이 맞다고 볼 수 있었었다.

하지만, 최근 2023년 12월, 대법원이 보험회사의 손을 들어줬다. 국민건강보험법상 본인부담상한액을 초과하는 부분이 실손의료보험 지급대상에 해당하는지에 대해 실손의료보험금 지급대상이 아니라고 판결했다.(2023다283913) 그동안 하급심 판결이 서로 엇갈리게 나오면서 혼란이 지속되었음에도 대법원판결이 없었기에 2009년 10월 이전 실손의료보험 가입자들은 보험금 지급을 주장했으나 대법원의 정식판결이 나옴으로써 향후 다른 사건들에도 영향을 주지 않을까 싶다.

자발적으로 내 돈 내고 민영보험을 가입하는 이유는, 보험사고 발생시 적극적인 치료와 과다한 의료비 지출을 막기 위함이다. 보험회사와 금융감독원의 처사는 보험에 가입하지 않은 사람들에게는 득이 될 수 있지만 보험가입자에게는 실이 되는 처사이다.

만약 동일하게 자연재해보험의 가입자가 보험금을 받고 향후 지자체에서 지원금 등을 받았다면 이 또한 이득금지원칙에 따라 받은 보험금을 토해내야 하는게 맞을까?

## 국민이라면 당연히 누려야 할 권리

본인부담금상한액을 초과해 건강보험공단으로부터 환급금을 돌려받기까지 수개월이 걸린다. 그럼에도 보험회사는 이미 지급된 보험금 반환을 요청하거나, 앞으로 지급될 보험금을 삭감하여 지급한다.

이렇게 줄어든 보험금은 고스란히 보험회사의 이익이 되고, 당장 발생하는 의료비 부담은 결국 환자와 그 가족의 몫이다. 일부는 의료비 부담 때문에 치료를 포기할 수도 있으며, 더 나은 치료를 선택하지 못할 수 있고 나아가서는 목숨까지 잃게 될 것이다.

본인부담금상한제에 대해 금융감독원과 보험회사의 입장이 동일하다. 그렇다면 소비자는 금융감독원에 아무리 민원제기를 해봤자 소용없다는 뜻이다. 한국소비자보호원에 민원을 넣는다 하더라도 이는 법적 구속력이 없다. 그렇다면 법원에 소송을 제기해야 하지만, 법원의 판결 역시 무조건 소비자의 편도 아니며 비용과 시간을 고려했을 때 소송을 선택할 수 있는 소비자는 많지 않다.

보험회사는 보험금 지급 거절에 대해 과잉진료나 의료쇼핑으로 인한 국가 재정 누수와 민영보험회사의 건전성 악화 우려를 표했다. 과연 요양급여상 본인부담금에 해당하는 치료가 환자들의 과잉진료와 의료쇼핑으로 이어진다고 봐야할까? 소비자의 의료행위를 불손하게만 바라보며 국가재정과 건전성을 논하는 것이 꼭 양의 탈을 쓴 늑대의 모습과도 같아보인다.

본인부담상한제의 본질은 중증질환에 걸려 과도한 의료비 지출에 따른 경제적 부담을 덜어주기 위해 만들어진 제도이며 국민건강보험법의 적용을 받는다. 보험은 보험회사와 가입자의 사적인 계약 영역이다. 한낱 사적 계약의 개별 약관이 한 나라의 법령 위에 우선할 수 있단 말인가? 본인부담상한제는 대한민국의 국민으로서 어느 누구에게도 침해 받지않고 당연히 누려야 할 권리 임은 틀림없다.

수술과 치료로 한달 가량 가게 문을 닫았던 고객분께 전화 통화를 했을 때엔 병원비로 사용한 카드 대금 결제일이 코앞이었고 언제 나올지 모르는 환급금을 기다릴 수 없는 상황이었다.

예전과 같은 컨디션으로 다시금 일을 시작하기도 어려운데다 지속적인 재활치료도 필요하다는 말에 의료비 부담을 줄이고자 제안 드렸던 보험이 결국 치료에 발목을 잡는 천덕꾸러기가 돼버린 것 같아 마음이 편치 않았다.

당장의 여윳돈이 필요한 시점에서 보험회사의 요구를 마냥 거절할 수도 없는 상황. 우선 환수확약서를 작성하시라고 안내를 드렸고, 얼마 후 보험회사에서 보험금이 입금되었다. 환수와 관련한 연락이 언제 올지 모른다는 불안감은 있었지만 우선 치료에 매진하시라는 말 밖에 건넬 수 없는 현실이 씁쓸할 뿐이었다.

"당신의 보험금을 지켜주는 착한 레시피" **보험금 전쟁에 대비하라**

# 질병코드에 따라 달라지는 보상 유무
## 발달장애

어른들 잔소리 레파토리 중 하나가 '모든 것에는 때가 있다'라는 말이다. 귀에 못이 박히도록 들었어도 공감 안되던 그 말이 이제는 몸으로 마음으로 너무도 이해가 된다. 어른들 말 하나 버릴 게 없는 것이 생각해보면 잔소리 속에는 본인들의 후회와 뒤늦은 깨달음 같은 것들이 기둥으로 자리하고 있을 터이기 때문이다. 나이 들고 보니 진짜 중요한 '때' 중의 하나가 임신과 출산이 아닌가 싶다. 늦은 결혼, 늦은 출산 등으로 부모가 되는 평균 나이가 높아진 요즘, 30대 후반이 넘어 부모가 되는 주변사람들을 보긴 하지만 그래도 40대 초중반을 넘어가버리면 2세 계획이 더 어려워지니 말이다.

보험 일을 시작한지 10여 년이 지난 지금, 20대였던 고객분들도 이제 가정을 이루고 임신소식을 전하며 태아보험을 문의해오는 경우도 많아졌다.

성희씨 아이의 태명은 '단단이'다. 단단히 엄마한테 잘 붙어있으라는 뜻이었다. 인공수정과 시험관시술을 거듭하며 얻게 된 소중한 생명이었기에 단단이의 소식은 나에게도 기쁜 소식이었다. 태아보험 가입서류 태명란에 '단단이'라고 기재하며 축하인사를 건넸다. 그리고 몇 개월 후 성희씨에게 연락이 왔다.

이제 6개월이 지난 단단이가 뒤집기뿐만 아니라 목 가누기와 같은 발달이 보이지 않아 소아과 진료를 앞두고 있다는 소식이었다. 그저 조금 느린 아이, 언젠가는 다 똑같이 걷고 뛰더라는 주변 사람들의 위로가 성희씨에게는 들리지 않을 만큼 초조하고 불안한 상태였다.

그렇게 시작된 검사는 점차 상급병원으로 이동하며 정밀검사로 진행되었고, 대학병원 검사까지 8개월 정도의 기간이 소요되었다. 그 사이 단단이는 돌이 지났고 선물을 준비해 연락할 즈음, 정밀검사결과 '발달지연'에 대한 소견을 받고 재활을 시작하기로 했다는 소식을 전해 들었다.

본격적인 재활이 시작되고 성희씨와의 연락은 더욱 빈번해졌다. 부담이 되는 재활치료비용은 출산 전 준비해둔 태아보험으로 청구가 가능했기 때문에 주기적으로 보험금 청구 서류를 전달받으며 단단이의 안부도 전해들었다. 단단이가 두돌이 지날 무렵 성희씨에게 평소와 다르게 메시지가 아닌 전화가 왔다.

"성희씨, 건강히 잘 지내죠? 단단이도 잘 크고 있죠?"

"네~ 요즘 부쩍 잘 먹어서 토실토실 꿀벅지가 되었어요. 아직 걸음마를 시작하진 않았지만 그래도 잡고 서는 힘이 생겨 매일 엉덩방아 찧고 울고 달래기의 연속입니다"

전에 비해 성희씨의 마음에도 한결 여유가 생기고 조금 느리긴 하지만 꾸준한 발달을 보이고 있다는 점이 다행스러웠다. 이어서 단단이가 언어발달치료도 함께 병행하게 되었다는 소식을 전하며 질병코드에 대해 문의해왔다.

"단단이 언어치료 관련해서 검색을 해보다가 맘까페에서 몇 가지 글들을 봤는데요. 병원에서 언어치료와 관련해 질병코드를 R로 받는게 유리한가요? F로 받으면 불리한 게 맞나요? 증상에 따라서 질병코드를 부여 받는 건데 대부분 애기 엄마들이 받고 싶은 코드로 병원에 얘기하는 것 같아요."

코로나19의 여파로 오랜 기간 마스크 착용이 일상화 되면서 언어습득의 결정적 시기에 해당하는 아이들이 입 모양이 잘 보이지 않아 언어습득이 지연되는 케이스가 많다는 건 알고 있었지만 질병코드를 원하는 방향으로 부여 받으면서까지 치료를 한다고? 라는 생각에 내용을 정리하여 다시 연락 드리겠다는 답변을 남겼다.

## 언어발달치료와 실손의료보험

보험 소비자와 보험회사 사이에 보장범위를 둘러싼 신경전이 벌어지고 있는 것이 있다. 바로 언어발달 치료이다. 언어치료는 각 기관에 따라 다르지만 회당 약 5~20만원 등 천차만별이다. 또한 1회로 끝나는 치료가 아니라 꾸준히 오랫동안 진행되어야 한다.

10만원짜리 언어치료를 1주일에 2회씩, 1년간 받는다고 하면 약 천만원에 육박하는 돈이니 일반 가정에서 전액 자비부담으로 진행하기에는 결코 만만치 않은 금액이다.

대표적인 언어장애 관련한 코드를 살펴보면 F80.8(말하기와 언어의 기타 발달장애)와 F80.9(말하기와 언어의 상세불명 발달장애)가 있는데 이는 실손의료보험으로 보상되지 않는 손해인 정신발달장애에 해당한다. 그런데 코드가 달라진다면 상황은 달라진다. 현재 언어치료를 받고 있는 대부분의 아동들은 말하기지연을 의미하는 R62.0(지연된 이정표), R47.8(상세불명 말하기장애) 질병코드를 부여 받아 실손의료보험 보상을 받고 있다.

언어치료 자체가 비급여 의료행위이기 때문에 진단이 적정했는지 여부가 중요한데, 일부 병원에서 F코드로 충분히 확정이 가능한 검사기록이 있음에도 R코드를 부여하여 실손의료보험금 청구가 가능함을 홍보하였고, 결국 부모님들 역시 실손의료보험 혜택을 보기 위해서는 절대 F코드를 받으면 안된다는 얘기를 전해 듣고 계속해서 실손의료보험금 청구를 위해 무리하게 의사에게 부탁하거나 하는 등의 행위들이 벌어졌다. 특히 최근 몇 년간 코로나19의 여파로 아이들의 언어발달 지연으로 인한 언어치료 청구가 늘고 있어 보험회사의 비급여 손해율이 더 높아졌다.

건강보험심사평가원에 따르면 5세 미만의 언어장애 관련 정신질환 코드(F코드)는 줄어든 반면 말하기지연, 발달지연 또는 분류되지 않은 언어 관련 진단(R코드)는 매년 늘어나고 있다. 5세 미만의 언어발달 장애 보험금 청구건수는 2017년 2만 180건에서 2020년 1만 7,500건으로 줄었으나 발달지연 관련 보험금 청구는 같은 기간 2만 7,800건에서 4만 6,300건으로 두배 가까이 늘었다. 요양보험비용 총액도 5억 2,300만 원에서 10억 8,000만 원까지 증가했다.

일반적으로 만 5세 이후 기준으로 언어지연과 관련된 검사 등을 통해 '자폐'등의 정신장애로 진단이 가능하다. 그런데 실제로 무수히 많은 병원들이 정신장애로 충분히 진단이 가능함에도 불구하고 실손의료보험금 청구를 위해 일부러 일시적 증상인 R코드로 청구를 유도한다. 결국 일부 보험회사를 필두로 언어발달지연 관련 치료에 대한 보험금 지급심사가 강화되었다.

금융감독원 행정지도로 2022년 5월 12일 시행된 보험사기 예방 모범규준에 따라 보험회사는 보험금 지급사유 조사대상 선정기준을 공시하였고 발달지연 관련 선정기준은 다음과 같다.

> **발달지연 치료 조사 선정기준**
> - 발달지연 원인 감별 충분한 검사가 이루어지지 않은 경우
> - 증상과 징후만 나타나는 KCD분류인 R코드 진단을 받고 정밀검사 없이 장기간 발달지연 관련 치료를 받는 경우
> - 미술치료, 음악치료 등 임의비급여가 발생한 경우
> - 의무기록지상 의료행위에 대한 구체적 내용, 증상개선에 대한 평가가 확인되지 않은 경우
> - 병원이 아닌 장소와 의사가 아닌 사람으로부터 성장관련 치료를 받은 경우
> - 통계청한국질병사인분류 상 정신및행동장애(F코드)로 의심되는 경우

## 정신질환과 실손의료보험

어린 아이들이 받게 되는 언어발달 치료가 보험회사의 큰 이슈라면, 성인 (또는 언어발달이 완료된 학생)이 받는 치료 중 보장범위에 대해 신경전이 벌어지고 있는 것이 바로 정신질환 치료이다. 실손의료보험에 가입하면 다치거나 아파서 병원에서 치료를 받은 경우에 치료비를 보상받을 수 있는데 과거 치매(F00-F03)를 제외한 정신질환으로 인한 치료비는 실손의료보험 보장대상에서 제외되어 왔다.

정신질환은 보통 객관적인 진단이 어렵고 정확히 발병시점을 확인하기 어렵다는 이유에서였다. 그러나 모든 정신질환에 대해 일괄적으로 보상에서 제외하는 것은 실손의료보험의 취지상 불합리하다는 의견에 따라 2016년 1월부터 일부 정신질환의 급여치료비에 대해서는 실손의료보험에서 보장이 된다. 즉, 정신질환에 대한 실손의료보험 약관의 변경으로 보장범위가 과거보다 늘어났다고 볼 수 있다.

2016년 1월 개정된 약관에서 새롭게 보장되는 주요 정신질환으로 조현병, 우울증,

공황장애, 불안장애, 주의력결핍과다행동장애(ADHD), 외상후스트레스장애, 틱장애 등이 있다. 여전히 보장되지 않는 정신질환은 알코올 및 약물 관련 장애, 정신지체, 발달장애, 식사장애, 성기능장애 등이 있다.

## 우울증 치료, 더 이상 숨을 필요 없다

| 구분 | | 표준화 이전 | 표준화 이후 | | | '21.7월~ |
|---|---|---|---|---|---|---|
| | | ~'09.9월 | '09.10월~ | '16.1월~ | '17.4월~ | |
| 정신질환 | 치매(F00-F03) | 보상/보상하지 않음 | 보상 | | | |
| | 치매를 제외한 증상성을 포함하는 기질적 정신장애(F04-F19) | 보상하지 않음 | | 급여 본인부담의료비 보상 | | |
| | 정신활성물질 사용에 의한 정신, 행동장애(F10-F19) | | | 보상하지 않음 | | |
| | 조현병, 분열형 및 망상장애(F20-F29) | | | 급여 본인부담의료비 보상 | | |
| | 기분(정동)장애(F30-F48) | | | 급여 본인부담의료비 보상 | | |
| | 신경증성,스트레스-연관 및 신체형장애(F40-F48) | | | 급여 본인부담의료비 보상 | | |
| | 식사장애(F50) | | | 보상하지 않음 | | |
| | 비기질성 수면장애(F51) | | | 급여 본인부담의료비 보상('19~) | | |
| | 생리적장애 및 신체적 요인들과 수반된 행동증후군(F52-F59) | | | 보상하지 않음 | | |
| | 성격 인격 및 행동의 장애(F60~F69) | | | 보상하지 않음 | | |
| | 정신지체(F70-F79) | | | 보상하지 않음 | | |
| | 정신발달장애(F80-F89) | | | 보상하지 않음 | | |
| | 소아기및청소년기에 주로 발병하는 행동및정서장애(F90-F98) | | | 급여 본인부담의료비 보상 | | |
| | 상세불명의 정신장애(F99) | | | 보상하지 않음 | | |

그동안 정신질환은 치료를 받는 환자가 오롯하게 감내해야 하는 질환이라고 얘기할 수 있을 만큼 적극적으로 치료를 해야 하는 질병으로 인정받지 못했었다. 이후 정신과 질환은 사전예방과 조기치료가 중요하다는 사회적 인식에 따라 2016년 1월부터 일부 정신질환에 대한 급여치료비는 약관에 따라 실손의료보험 보상이 가능해졌다.

그런데 여전히 정신질환은 실손의료보험 보장범위에 해당하지 않는다고 생각하는 것이 대다수 사람들의 생각이다. 일부 보험회사의 보험금심사팀 직원까지도 말이다. 얼마 전, 고객의 우울증 치료관련하여 실손의료보험 청구를 했을 때 "정신과는 실손의료보험 안되는 거 모르세요?"라며 나에게 당당히 부지급 이유를 설명하던 보험금 심사팀 직원의 목소리가 잊혀지지 않는다.

일선에서 보험금 지급을 담당하는 담당자도 기존에 보장이 안되던 오래 전 약관만 기억하고 있으니 더 할말이 있으랴. 아직도 정신질환이라는 이유로 보상을 거절당하는 일이 무수히 많은 사람들에게 비일비재 할 수 도 있다.

보험회사 직원도 변화한 약관의 내용을 모두 인지하기 어려운데 하물며 소비자는 어떨까. 가장 많이 듣는 질문 중에 하나가 "이거 실손의료보험 되나요?" 이다. 몇가지 예외사항을 제외하고는 병원에서 치료받은 의료비에 대해서 당연히 보상을 받는데, 일반적인 치료, 수술에 대해서도 실손의료보험를 적용받을 수 있는지 굉장히 조심스레 물어보기 일쑤다. '병은 알리는 것이 좋다'라는 얘기가 있지만 우울증, 공황장애 등 정신질환은 그동안 주변 사람들은 물론 직장 어디에서도 치료력을 알리기가 쉽지 않았다. 도리어 나에게 화살로 돌아와 불편을 줄 것이라는 생각 때문에 치료 또한 제대로 이루어지지 못했다.

'마음의 감기'라 불리는 우울증은 이제 남녀노소를 막론하고 전 세대를 아울러 많은 환자가 생길 정도로 가장 기본적인 정신질환이며, 초기 치료가 굉장히 중요하다고 한다. 실손의료보험 보상대상이 된다는 것은 그만큼 많은 사람들이 치료받는 질환이라는 것을 의미한다고도 볼 수 있다. 우울증, 공황장애 등 정신질환으로 치료받고 있다면, 혹여 아직 치료를 시작하지 못했다면, 어려워말고 당장 치료를 받고 본인이 가입한 실손의료보험 혜택을 받길 바란다.

### 보상받아야 할 것을 제대로 보상받는 것이 정의다

그 흔한 우울증도 쉬쉬하며 실손의료보험 청구를 하지 않는 일이 많은 반면에 보험금을 위해 서로 정보공유를 하며 그릇된 모습을 보이는 이들도 분명 존재한다. 대표적으로 아이들의 언어치료는 분명 적절한 시기에 잘 받아야 하는 치료이다. 아이와 부모 모두 힘든 나날을 보내며 이겨내고 있음을 알기에 마땅히 받아야 할 보장임에는 틀림없다. 다만 보험금을 지급받기 위해 진단의 적정성에 위배되는 무분별한 R코드 진단은 지양해야 한다.

많은 보험 설계사들이 보험 약관 공부를 하고, 고객들에게 보험금 청구를 안내하는 것은 본인의 고객이 정당한 권리를 누리게 하기 위함이다. 그런데 그것을 악용하여 보상받지 않아야 할 건임에도 보상을 받게끔 하는 것은 용납되서는 안될 일이다.

단단이의 경우는 충분한 언어치료를 포함한 발달치료가 필수적인 상황이었고, 검사 결과 명확한 유전학적, 후천적 병명은 확인되지 않은 채 '발달지연'의 소견만으로 치료가 진행되는 경우였다. 즉, 당장 F코드를 받을만한 의료상의 결과가 없으면 R코드를 가지고 꾸준히 치료를 받아야한다. 하지만 무분별한 R코드의 진단과 이 정보를 공유하고 있는 맘카페 글을 보면 과연 아이에게 있어 떳떳할 수 있을지, 부끄러운 부모의 모습은 아닐지 살펴봐야 할 필요가 있다.

사랑하는 내 아들 딸이, 또래보다 행동이 느리고 말이 느리다면 부모입장에서 최선을 다해 치료방법을 찾아야 하는 것이 당연하다. 다만, 내 아이를 위한다는 부모의 욕심에 빚어진 행동들이 결국은 치료가 절실한 다른 아이들에게 피해가 될 수 있는 것이다.

보험회사가 큰 시시비비 없이 보험금을 잘 지급해야 하는 것이 당연하지만, 소비자들 역시 보험회사가 지급심사에 칼날을 들이대는 처사를 하지 않도록 협조해야 한다. 언어치료가 반드시 필요한 친구들이 치료와 보상에 어려움이 없으려면 치료를 남용하지 않아야 한다. 일정 나이가 지나면 더 이상 실손의료보험에서 보상받을 수 있는 질병코드에 해당하지 않을 수 있고, 실제 그런 상황이라면 부모에게는 더없이 비극적인 상황이다. 내 아이에게 실제 장애가 발생한 것이니 말이다. 장애 진단을 받았을 때 혜택을 볼 수 있는 특약도 이미 판매가 되고 있기 때문에 결국 내 아이의 보험을 잘 따져보고 준비하는 것 또한 부모되기 첫걸음이지 않을까 싶다.

# 서초동 입원비 전쟁을 아시나요?
## 암 요양 입원비 분쟁

"여기 생맥주 한잔 추가요!", "프라이드, 양념 반반 포장이요!" 문을 열자 작은 치킨 집 매장을 가득 매운 손님들의 흥겨운 목소리가 밀려왔다. 중복을 얼마 남겨 두지 않은 오후, 동네 주민들은 유난스럽던 그 해 더위를 지호네 치킨집에서 시원한 생맥주로 달래고 있었다. 주방에서 음식을 만드느라 분주한 지호 아빠를 발견했다. 예상대로 그의 트레이드 마크인 환한 웃음은 사라지고, 근심이 그 자리를 대신하고 있었다. 암 투병 중인 아내의 간호도 큰 일인데 설상가상으로 보험금 분쟁까지 겹쳐 걱정이 이만저만이 아닌 듯 했다. 손님들이 어느 정도 빠져 나가고 나서 지호 아빠와 테이블을 마주할 수 있었다.

"집사람이 몇 개월 전부터 컨디션이 영 안 좋아 보였어요. 혈색도 그렇고. 그래서 겸사겸사 같이 건강검진을 하러 갔는데…"

지호 아빠는 말끝을 흐렸다. 지호 엄마의 '대장암 3기' 판정이 아직도 믿기지 않는 듯했다. 하지만 다행스럽게도 대학병원에서 성공적으로 수술을 마치면서 당장의 큰 고비는 넘겼다. 그런데 지호네 형편이 가게 문을 닫을 수 없는 사정이라 온전한 병간호가 불가능했다. 어쩔 수 없이 지호 엄마를 가까운 요양병원으로 입원시킬 수 밖에 없었다.

이후로 지호 엄마는 요양병원에 입원해서 수시로 항암치료를 위해 대학병원을 오가며 투병을 했다. 상당한 호전이 있었다. 항암치료를 끝마치고는 요양병원으로 옮겨서 약 4개월 정도 항암주사제와 면역요법 그리고 한방치료 등을 병행하며 치료에 임했다. 적지 않은 병원비가 나왔지만, 매월 빼놓지 않고 들어 놓았던 보험이 든든한 우산처럼 생각되었다.

그런데 보험회사로부터의 당황스러운 전화가 걸려왔다.

"지급규정으로는 암 입원 일당은 지급되지 않습니다."

암치료를 위해 입원을 했는데, 보험금 지급이 안된다는 게 납득이 안된다고 반문했다.

"수술과 항암치료를 진행한 대학병원에 입원한 것은 암치료를 위한 입원으로 인정됩니다. 하지만 요양병원에 입원해 치료받으신 건 암 입원으로 인정되지 않습니다."

지호네의 요양병원 입원은 생존을 위한 불가피한 선택이었다. 그럼에도 불구하고 앞뒤 맥락 따지지 않고 안된다고만 말하는 보험회사의 입장이 되려 이해되지 않았다. 또 안타까운 지호네 형편을 감안하면 가만히 보고만 있을 수 없었다.

## 암 환자들에게 또 다른 고통…암 요양 병원 입원비

서초동 입원비전쟁을 들어본 적이 있는가? 서초동에 위치한 S보험회사 사옥은 2018년부터 3년여간 암보험금을 지급하라는 현수막과 천막으로 뒤덮여졌었다. 암 요양병원 입원비를 지급하라며 장기간 점거 농성을 지속해온 이들은 바로 보암모(보험회사에 대응하는 암환우모임)회원들이다. 통상 일반인의 생각이라면 암진단을 받고 입원을 하면 당연히 암입원일당을 지급해야 하는게 맞다. 그럼에도 법원은 보험회사의 손을 들어줬다.

보암모 회원뿐만 아니라 지호아빠네도 마찬가지였다. 그들이 주장하는 것은 단 하나, 약관대로 요양병원 입원일당을 지급하라는 것이다. 암환자의 요양병원 분쟁의 핵심은 바로 약관상 '암의 직접치료 목적' 여부이다. 암 입원 보험금에 대해 보험회사와 분쟁이 발생하는 암보험의 약관을 살펴보면, '암의 치료를 직접 목적으로', '암의 직접적인 치료를 목적으로' 입원 시에 암입원보험금을 지급하게 되어 있다.

보통의 일반인이라면, 암진단을 받고 입원을 하면 당연히 암 입원 일당을 지급해야 한다고 생각할 것이다. 그러나 보험회사는 암진단을 받았다 하더라도 암치료에 직접적인 영향이 없는 치료로 입원했다면 암 입원 일당을 지급할 수 없다는 입장이다. 소비자들은 암 수술 후 요양병원에 입원하여 후유증을 치료하는 것 또한 포괄적으로 당연히 치료 목적이니 보험금을 지급해야 한다고 주장하는 것이고, 보험회사는 엄격히 해석하여 보험금을 축소 지급하려는 것이다.

## 약관 변경으로 가입자 분쟁 사라져

이러한 분쟁은 2019년 1월 약관이 명확화 되면서 해결되었다. 2019년 1월 이후의 약관을 살펴보면 암 직접 치료 입원일당 특약은 요양병원 제외를 명시하면서 '직접치료'의 정의를 구체화하였다. 암의 직접적인 치료라 함은, 암을 제거하거나 증식을 억제하는 치료로서 의학적으로 그 안정성과 유효성이 입증되어 임상적으로 통용되는 치료를 말한다. 암 수술, 항암방사선치료, 항암화학치료, 복합치료 등이 직접 치료에 해당하며, 면역력 강화치료, 후유증 또는 합병증 치료, 식이요법, 명상요법, 요양병원에서의 치료는 암의 직접적인 치료에 해당하지 않아 보장받을 수 없다.

그러나 면역치료라 하더라도 암의 제거 및 증식 억제 치료를 받기 위해 필수불가결하거나, 그로 인해 발생한 후유증 또는 합병증의 치료, 연명의료결정법에 해당하는 말기암환자에 대한 치료는 직접적인 치료로 볼 수 있다. 예를 들어 압노바 및 헬릭소 치료, 고주파 온열암치료 등의 기타 후유증 치료는 암의 직접적인 치료에 해당하지 않는다. 암직접치료입원일당에서 인정받지 못한 요양병원 입원치료는 2019년 새로 만들어진 암요양병원 입원일당에서 보장받을 수 있다.

## 약관 변경 전의 가입자들은 여전히 분쟁 중

2019년 이후 가입자들은 가입 약관에 준해서 보상을 받으면 된다. 그런데 암 직접치료 내용이 구체적이지 않은 2019년 이전 가입자들은 여전히 분쟁 중이며 법원의 입장 또한 상반된 입장을 보이고 있다. 금융감독원 분쟁조정위원회도 암 입원 일당 2개의 분쟁 사건에 대해 각각 다른 의견을 보였다.

보험회사는 대법원 판례를 근거로 내세우며 암환자들의 요양병원 입원에 대해 암입원비를 지급하지 않았다. 2008년 대법원은 '암 치료를 직접 목적으로 하는 입원이란, 종양을 제거하거나 종양의 증식을 억제하는 수술이나 방사선치료를 위해 입원하는 경우이며, 요양병원에서 사용한 압노바, 헬릭소와 같은 항암요법은 효능이 입증된 바가 없어 그 투여만으로 직접 치료라고 보기 어렵다며 보험회사의 손을 들어주었다.(2008다13777) 2013년에는 '항암치료 중 요양병원 등은 암의 치료를 직접 목적으로 해서 계속 입원한 경우에 해당하지 않는다(2013다9444)'고 판시했다.

하지만 정반대의 결과를 낸 판결도 있다. 2016년 대법원은 '종전의 항암화학요법 치료나 수술로 인한 후유증을 치료하고, 면역력 등 신체기능을 회복하기 위한 입원이 포함돼 있다고 하더라도 그 입원이 항암화학요법 치료 등을 받기 위해 필수불가결한 것이라면 암의 치료를 직접 목적으로 하는 입원에 해당한다'고 판시했다.

법원과 금융감독원 모두 요양병원 입원에 대한 각 사안에 따라 상반된 의견을 보이고 있음은 틀림없다. 다만 이는 어디까지나 판례와 조정결정문이다. 구체적인 사안에 따라 암 입원 치료에 대한 인정이 달라질 수 있으나 일반적으로 암으로 입원했다고 하여 모두 암입원보험금이 지급된다고 볼 수는 없다.

상급병원에서 항암치료 이후 단순히 몸이 좋지 않다는 이유만으로 요양병원에 입원하는 것은 암입원보험금 지급 사유에 해당한다고 보기 어렵다. 그러나 의사의 판단 하에 암 치료 과정상 필수적인 치료를 받은 것이라면 암 치료를 위한 입원으로 인정받을 수 있을 것이다.

## 합리적 보험금 책정과 지급 시스템 시급

보험회사의 보험금 부지급이 정당하다면, 과연 보험회사의 보험료 산정은 타당하기만 할까? 일례로 국정감사에서는 보험회사의 보험료 과다징수 의혹이 제기되었다. 보험회사가 암환자들이 받는 보험금에 비해 납부하는 보험료를 과다하게 징수하고 있다는 것이었다.

보험료 산정의 기초자료로 사용되는 암입원 보험금 지급 통계상 평균 입원 일수는 남녀 평균 약 40여 일 수준이었으나, 실제 암환자들의 대학병원 평균 입원 일수는 8.5일로 파악되면서 보험회사는 전체 평균 일수에 대한 보험료를 산정하고 실제 보험금은 평균 입원 일수의 보험금을 지급하고 있다는 의혹이 제기되었으나 결국 이에 대한 정확한 사실확인과 개정 소식은 들리지 않았다.

국정감사와 소비자의 불만, 민원 등으로 뒤늦게 보험회사는 약관의 개정을 통해 요양병원 입원 일당을 추가했지만, 이미 소비자는 과다한 보험료를 납입했을 지도 모를 일이다. 다소 부당해 보이는 보험회사의 보험금, 보험료의 정책하에 우리가 합리적으로 보험을 준비할 수 있는 방법은 무엇일까?

실제로 암환자들이 보험금 혜택을 볼 수 있는 직접치료 입원일수는 대략 1주~2주다. 40세 여성의 보험료(20년납100세)로 살펴보면, 암진단금 1천만 원의 보험료가 약 11,000원, 암직접치료입원 하루10만원의 보험료가 약 8,000원 정도이다.

총 납입 보험료를 따진다면, 암진단금 1천만원을 보장받기 위해 약 260만원을, 암 입원일당 10만원을 보장받기 위해 약 200만원의 보험료를 납입해야 한다. 암 직접치료로 100일을 입원해야 보험금 천만원을 받을 수 있다. 그렇다면 지급심사가 까다로운 암입원비를 준비하는 것보다 비슷한 비용으로 진단만 받아도 쉽게 보험금을 받을 수 있는 암진단금을 더 준비하는 것이 더 현명하게 보장자산을 준비하는 방법일 수 있다.

〈40세 여성 기준 암 관련 보장금액 및 보험료〉

| 구분 | 암(진단비) | 암(입원일당) |
|---|---|---|
| 보장금액 | 1천만원 | 10만원(1일당) |
| 월 보험료 | 약 11,000원 | 약 8,000원 |
| 총 납입 보험료 | 264만원 | 192만원 |

보험금 사건 후 약 1년 만에 지호네 치킨을 다시 찾았다. 치킨 집은 마치 시간이 흐르지 않는 공간처럼 작년과 너무도 비슷했다. 더위와 허기를 달래려고 주문하는 소리와 각자의 화제에 취해서 웃고 소리치며 대화하는 사람들. 그런데 하나 분명히 달라진 모습이 있었다.

지호 아빠의 트레이드마크가 돌아왔다. 1년 전만 해도 아내 암투병과 병원비 걱정으로 까맣던 얼굴에 환한 미소 꽃이 폈다. 지호 엄마도 이제는 일을 거들고 있었다. 지호 아빠의 만류로 바쁜 시간 한 시간 정도 가게에 나와서 돕는 게 고작이었지만, 지호 가족에게는 그 자체가 행복이었다.

만약 보험금 지급이 안되었다고 가정하면 아찔할 따름이다. 사실 지호네는 좋은 케이스에 속한다. 실제 많은 사람들이 유사한 경우임에도 불구하고 보험회사의 자의적 해석에 밀려 보험금을 못 받고 있는 게 현실이다.

지호네와 같은 2019년 약관 개정 전 보험가입자의 경우 약관의 해석이 불분명하기에 보험회사는 더욱 엄격한 잣대를 들이대며 보험금 지급을 거절하고 있다. 암치료를 받고 있는 가입자에게 이보다 잔인하고 부당한 처사가 있을까?

의학기술의 발달로 암 조기 진단도 많아지고, 다양한 수술 방법이나 발전된 항암 치료를 통해 생존률이 높아졌다고 하나 그 만큼 우리 주변에 암환자는 계속해서 늘고 있으며, 어찌보면 암이라는 두려움과 함께 공존해야 하는 삶의 시간이 늘어난 셈이기도 하다.

암환자들에게 암 치료는 긴 고통의 시간이다. 문제가 되는 병변 부위를 도려내고 절제하는 수술을 했다고 해서 환자에게 완치를 명하는 의사는 거의 없다. 어딘가 남아있을지 모르는 암세포를 죽이기 위해 항암 방사선 또는 약물 치료를 진행하며 일반적으로 5년간 정기적인 추적 검사에 이상소견이 없을 경우 완치 판정을 내리게 된다.

암환자들의 대학병원 평균 입원 일수는 10일 남짓이다. 일주일이 조금 넘는 시간 동안 암을 치료한 후 일상생활로 복귀가 가능하다면 이를 마다할 이가 있을까? 퇴원 이후의 현실은 더욱 어렵다. 수술과 방사선치료를 마쳤다면, 더이상 상급병원에서 치료를 받을 수 없기 때문에 많은 암환자들은 대부분 집이 아닌 요양병원으로 향하게 된다. 빠른 일상으로의 복귀를 꿈꾸면서도 언제 다시 찾아올지 모르는 무서운 저승사자를 마주하며 치열한 삶을 살아내며 이겨내야 한다.

올해도 보험회사는 역대 최대의 수익률을 올렸다는 뉴스 기사가 나를 씁쓸하게 한다. 사회적 기여까지는 아니더라도 암입원비 분쟁 고객과 같은 안타까운 자사 고객을 뒤돌아보는 여유를 가졌으면 하는 바람이다.

## ✓ Check point

1. 암 수술, 항암 방사선 치료, 항암 약물 치료 – '암 입원 인정'
2. 호스피스·완화의료 및 임종과정에 있는 환자의 연명의료결정에 관한 법률 제 2조 3호에 해당하는 말기암환자에 대한 치료 – '암 입원 인정'
3. 면역력 강화, 암치료로 인한 후유증&합병증 치료, 명상요법 – '암 입원 불인정'
4. 치료 과정 및 치료 방법, 환자 상태, 후유증, 합병증 등에 따라 보험금 지급 달라질 수 있으니 전문가 도움 의뢰!

# 날아가는 의료기술, 걸어가는 보험 약관
## 고주파절제술

법대 졸업 후 치열하게 사법고시를 준비하던 20대 중반 시절, 매일 새벽 검도장으로 발걸음을 옮기던 그 시간이 참 좋았다. 검도를 처음 접하게 된 건 함께 공부했던 선배의 권유 덕분이었다. 수험생활을 함께 보냈던 그 선배는 나에게 심적으로도 체력적으로도 큰 의지가 되었고, 지금까지도 인연을 함께하고 있다. 지금도 여전히 사회라는 이름의 '검도장'에서 의지가 되고, 멘토가 되어 주고 있다. 오랜만에 그 선배를 만나기로 했다.

자리에 앉자마자 선배는 코로나 감염 후유증으로 요 몇 달 정말 컨디션이 안좋았다며 앓는 소리를 했다. 이제 겨우 40대에 접어든 처지에 30대 때와는 체력이 다르다는 등 과한 투정에 웃음이 났다.

그저 시간이 해결해주는 피로이겠거니 하지 말고 한약이라도 한 재 지어먹으라고 하고는 다른 건강상 문제는 없는지 물으니 몇 년 전에 한번 진행한 적 있었던 갑상선결절 치료를 몇일 후 다시 받을 예정이라고 했다.

"5년 전에 한번 하지 않았었나? 2017년이었나?"

"맞아, 그 때 초음파에서 결절이 보여서 열을 이용한 제거 수술을 하긴 했었는데, 제대로 치료가 안된 건지, 다시 재발했지 뭐야. 의사 말로는 수술은 금방 끝나고 간단한 거라고 하니 크게 걱정은 안하고 있어. 그건 그렇고 수술 마치고 다시 컨디션 좀 끌어올리면 검도장에서 칼이나 한번 섞자고"

그날 이후로 한 계절이 지나고 꽃샘추위가 느껴질 무렵, 그 선배에게서 다시 연락이 왔다.

"이제 도장에서 대련 가능 하십니까?" 하고 농을 치며 전화를 받았는데 다소 진지한 말투가 여느 때와는 달랐다.

"얼마전에 갑상선 고주파 치료술 받았거든. 받고 나서 예전처럼 보험회사에 서류를 보냈더니 이번에는 보험금 지급이 늦어지네. 혹시 좀 아는게 있어?"

같은 증상으로 동일한 수술을 받았는데 예전엔 보험금 수령이 됐고 이제는 안된다는 보험회사의 태도에 확인하고 연락을 주겠다는 메시지를 남기고는 내용을 찾아보기 시작했다.

## 의료 기술을 못 따라가는 보험약관

건강검진의 활성화 및 고해상도 초음파기기 등 의료기술의 발달에 힘입어서 갑상선 결절 진단은 빠르게 증가하고 있다. 갑상선결절은 매우 흔한 질환이지만 갑상선결절의 일부에서 갑상선암이 발견되기 때문에 세심한 추적 관찰이 중요하다.

갑상선에 결절이 있게 되면 미세침검사를 통해 조직검사를 하고, 그 결과 악성종양 즉 암이라면 갑상선 절제 수술을 받게 된다. 양성종양의 경우, 과거 외과적 수술로 종양을 잘라 없앴으나 의학기술이 발전함에 따라 최소한의 절개로 환자에게 부담이 적은 수술로 진행하게 되었다.

그 중 하나가 고주파절제술(고주파열치료술, 고주파열응고술)이다. 고주파절제술은 전극이 부착된 얇은 바늘을 종양 안에 삽입하고 고주파 열을 발생시켜 종양을 태워 없애는 치료법이다.

갑상선고주파절제술 치료법이 도입된 초기에 보험회사는 열을 가해 결절을 제거하는 것이 비수술적 치료방법으로 수술의 정의에 부합하지 않는다며 보험금을 지급하지 않았다. 의료기술의 발달로 인한 새로운 치료법 임에도 생체를 절단, 절제하지 않는 방법은 수술에 해당하지 않는다는 보험회사의 주장에 대해 법원은 보험회사의 손을 들어 주었다.

법은 시대를 앞서 나가지 못한다고 했던가. 약관도 마찬가지이다. 규정이라는 것이 세상의 변화를 미리 예측하고 반영할 수 없다. 하지만 최소한 기술의 진전과 시대 변화는 포용할 수 있어야 된다고 생각되는데 그렇지 못한 것이 못내 아쉽다.

이후 세월이 흘러 법원의 태도가 바뀌기는 하였다. 고주파절제술에 대해 신체 일부를 절단, 절제하는 외과적 치료방법은 아니지만 결국 결절을 제거한다는 점에서 절단, 절제와 유사한 조작으로 볼 수 있으며, 따라서 수술에 해당이 된다고 판시하였다.

또한 '신의료기술평가위원회'로부터 안정성과 치료효과를 인정받은 최신 수술기법 역시 수술의 정의에 포함되는데, 고주파절제술은 2017년 신의료기술로 평가받았기 때문에 수술보험금 지급이 가능해졌다. 금감원 역시 약관에 수술의 정의 조항을 정하였는지 여부와 관계없이 수술보험금을 지급하라는 감독행정작용을 발표하였다.

## 논란의 질문…'필요한 수술이었나?'

갑상선고주파절제술은 환부 절개가 필요없어 시술 후 목에 흉터가 남지 않고, 국소마취로 짧은시간에 시술을 마칠 수 있다. 간편하고 빠른 일상복귀가 가능하여 환자 입장에서는 굉장히 반가운 치료법이다.

더욱이 수술보험금까지 지급되다 보니 의사와 환자 모두 수술을 권하고 결정하는데 상대적으로 부담이 덜하다. 그러다보니 갑상선관련 보험금 지급액은 꾸준히 증가세를 보여 보험회사의 손해율 급증 부담으로 작용하였다.

금융감독원의 감독행정과 신의료기술의 포함으로 수술보험금 지급에 문제가 없어보였던 갑상선고주파절제술은 또다시 분쟁의 도마 위에 올랐다. 보험회사가 새로운 칼을 빼들었는데, 바로 필요한 수술 행위였는지 여부에 대한 판단이 그것이다. 약관을 살펴보면 수술은 '의사에 의해 치료가 필요하다고 인정된 경우'여야 한다. 수술의 방법은 그 이후의 문제이지, 수술이 필요한 경우가 아니었다면 그 행위가 수술방법에 해당하는지 여부는 문제조차 되지 않는 것이다.

 환자의 상태가 수술이 필요한 상태였는지에 대한 판단이 중요 쟁점이 되었고, 법원은 해당환자의 고주파절제술에 대해 수술의 필요성을 인정하지 않았고 보험회사의 손을 들어주며 보험금 지급의 책임이 없음을 확인하였다.

법원은 해당 소비자들에 대해 결절의 크기가 작고 세포검사결과도 없어 초음파로 결과를 관찰하는 것이 적절하고 고주파절제술로 치료할 필요성이 인정되지 않는다고 판시하였다. 이 판결을 기점으로 보험회사는 너도나도 할 것 없이 약관에 없던 수술보험금 지급 기준을 근거로 보험금 지급을 거절하고 있는 실정이다.

보험회사가 지급기준으로 제시하고 있는 것은 2012년 발표된 대한갑상선영상의학회 자료이다. 고주파절제술의 시행대상을 살펴보면, 첫째, 2회 이상의 조직검사에서 양성으로 확진된 환자여야 하고, 둘째, 그 환자 중 크기가 2cm보다 크고 점점 자라거나 삼킬 때 이물감, 통증 등의 증상이 있는 경우여야 한다고 되어 있다. 이에 따라 보험회사는 소비자들의 갑상선결절 크기가 2cm 이하이거나, 조직검사를 하지 않았거나, 결절로 인해 통증 등의 증상이 명확히 확인되지 않으면 수술보험금 지급을 거절하고 있다.

5년 전과 동일하게 갑상선고주파절제술을 받고 보험금 청구를 진행하였던 선배 역시 보험금 지급이 순탄하지 않았다. 갑상선결절의 크기가 조건에 부합하지 않아 보험금 지급이 순탄하지 않았던 것이다.

〈갑상선 결절 치료방법〉

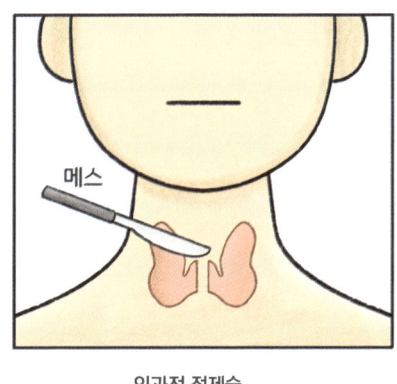

외과적 절제술
결절 제거

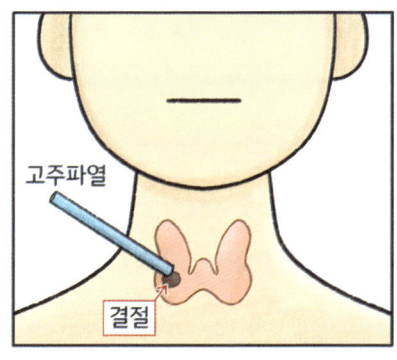

고주파 절제술
고주파 열로 결절 소작

## 약관의 변경, 끝없는 보험회사의 대응

보험금을 청구하는 소비자의 상황이 자로 잰 듯 동일할 수 없다. 그럼에도 보험회사는 보험금 분쟁에 있어 판결문을 내세우고, 소송까지 갈 수 없는 소비자는 그 판결에 따를 수 밖에 없다. 판결을 앞세워 약관에도 없는 의료학회의 가이드라인을 근거로 보험금 지급을 거절하던 보험회사는 분쟁의 씨앗을 아예 원천 봉쇄하려는 듯 약관을 변경하고 있는 추세이다.

다양한 수술특약을 판매하고 있는 손해보험회사는 수술보험금 지급대상에서 제외되는 수술명을 추가적으로 기재하였다. 현재 보험금 지급에 분쟁이 되고 있는 수술들을 예시로 나열하면서 기타 수술의 정의에 해당하지 않는 시술에 대해 보험금을 지급하지 않음을 명시한 것이다. 예시로 나열된 수술을 보면 소비자들이 굉장히 많이 하는 수술로 이미 법원에서 수술에 해당하기 때문에 수술보험금이 지급되어야 한다고 인정받은 수술이다.

의료기술의 발달로 수술방법은 진화할 수 밖에 없고 발전된 의료기술을 통해 부작용이 적고 치료효과가 좋은 치료방법을 선택하는 것은 환자의 당연한 권리다. 최근 건강검진의 활성화로 갑상선 질환 환자가 많아졌고 이에 따라 갑상선결절에 대한 수술건이 많아지며, 보험금청구가 늘어난 것도 사실이다. 그런데 과연 보험회사는 이를 전혀 예상하지 못했을까?

보험회사는 최근 몇 년간 갑상선 질환 수술보험금을 높게 책정하여 간단한 수술임에도 많은 보험금이 지급될 수 있다는 마케팅을 앞세워 수술특약 판매에 불을 지폈다. 수술을 할 때마다 많게는 1천만 원이 지급이 된다며 설계사들에게 공격적인 영업을 유도하기도 했다. 이와 함께 병원의 영업이 더해지고, 보험금을 받고 싶은 소비자의 니즈도 함께 늘어나면서 불필요하고 과다한 수술이 진행된 것도 사실이다. 결국 판매에 불을 지핀 보험회사는 높은 손해율이라는 화살을 맞고는 본인들만 당할 수는 없다며 보험 소비자 즉, 환자에게 모든 책임을 전가하려고 하고 있다.

선배의 경우처럼 갑상선결절이 발견되었고 이에 대한 치료가 필요하다면 치료를 받고, 보험금을 받아야 하는 것이 맞다. 그런데 현재 보험회사는 '꼭 수술이 필요한 상황이었나?' 라는 문제를 제기하며 "예. 수술을 요하는 상황이었습니다"라는 의사의 의견은 뒷전으로 밀어둔 채 본인들이 가져와 들이밀고 있는 학회의 기준이 정답이라는 입장을 고수하고 있다.

〈수술 보험금 관련한 보험회사 리플렛〉

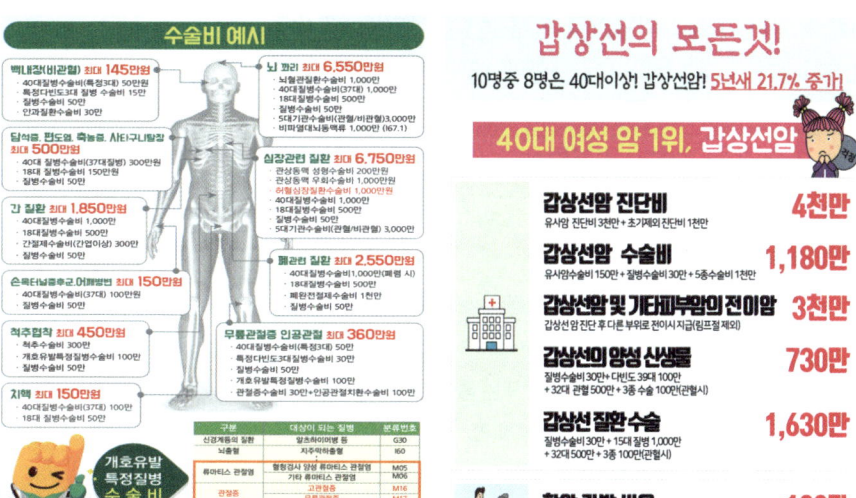

환자의 상태를 직접 보고 치료한 주치의의 소견만큼 결정적 근거는 없다. 이론에 근거한 학회의 기준으로 마치 '수술이 꼭 필요한 치료방법은 아니다'라는 듯한 판단은 섣부르며 부당하다. 애초에 상품 약관을 미흡하게 해놓고 약관에 명시 되지도 않은 근거를 갑자기 들이미는 처사는 결코 정당화 될 수 없다.

보험금 지급 가능액을 앞세워 상품을 판매해 놓고 막상 보험금 지급시에 까다로운 조건을 내세우는 보험회사도 엄중한 평가를 받아야 함은 맞지만 불필요한 의료행태를 일삼는 일부 병의원과 소비자의 책임도 배제할 수는 없다. 냉정한 평가를 받아야 하는 주체는 보험회사, 병의원 관계사, 소비자지만 피해자는 단 하나, 보험가입자뿐임을 명심해야 한다.

갑상선고주파절제술 뿐만 아니라 분쟁의 소재가 되었던 수술 등을 보상하지 않게끔 약관도 변경되고 있는데 약관을 자세히 들여다보지 않는 한 판매하는 설계사도, 가입하는 고객도 변경사항을 알아차리기는 어렵다. 보험가입을 앞두고 있는 소비자라면 수술보험금 면책사항이 적혀있는 상품인지 거듭 확인해보고 가입하는 것이 좋겠다.

보험 설계사 일을 오래 해보니 명확해진 것이 있다. 보험금을 준다며 소비자들에게 내용을 널리 알리고 전달하는 것이 보험회사라면, 안되는 것을 꼭꼭 감추는 것 또한 보험회사라는 것. 감춰지는 사안에 대해 의심하고, 점검하고, 공유하는 것이 나의 몫임을.

### Check point

1. 2회 이상 조직검사에서 양성소견
2. 결절의 크기 2cm 이상
3. 미용상 문제 및 삼킬 때 이물감 또는 통증 등의 증상
    - 1번, 2번, 3번 모두 부합 여부 확인
4. 치료 목적의 소견 필수 / 통원, 입원치료 여부 확인
5. 수술(시술)전 담당자 또는 보험회사 문의 필수!

# 성조숙증으로 고통받는 아이들
## 성조숙증

동대구행 KTX에 몸을 싣자, 얼마 후 열차는 미끄러지듯 플랫폼을 빠져나갔다. 오랜만에 친구를 만나는 길인데다가 마냥 귀엽기만한 친구 딸 수아를 볼 생각을 하니, 고속 열차도 더디게만 느껴졌다.

친구 집에 도착하니 친구와 제수씨, 그리고 딸 '수아'까지 반가운 얼굴로 맞아주었다. 예전 한 동네 살던 때로 돌아간 듯 싶었다. 수아는 그동안 몰라보게 자랐고, 제법 어른 티를 내며 그럴 듯하게 고개 숙여 인사를 해왔다.

세상에 무서운 게 참 많지만, 세월 이기는 게 없다. 원하던 원치 않던 시간은 흐르고 우리 모두는 그렇게 변해가고 있었다. 수아를 보면서 한 편으로는 어린 시절 귀여운 모습이 사라진 게 내심 서운했으나, 또 한편으로는 참 대견스럽기도 했다.

식사를 마치고는 제수씨와 육아 이야기를 한참 나눴다. 태아보험 가입 이후로 한번도 보험금 청구 이력이 없을 정도로 수아는 건강했다. 그런데 뜻 밖의 소식을 들었다. 최근에 수아 때문에 병원에 다녀왔다는 것이었다. 이유는 이차 성징 때문이었다.

수아가 8세 때부터 이차 성징의 징후가 보였고, 급기야 병원을 찾은 것이다. 역시나 병원에서도 성조숙증 진단을 했다. 치료시기를 놓치면 성인이 됐을 때 신장 차이가 날 수 있어 치료를 빨리 시작하는 것이 좋다는 안내와 함께 성호르몬을 억제하는 주사치료를 권유 받았다고 했다.

치료를 시작한지 1년여간 발생한 치료비용이 꽤 부담이 되고 있다 했다. 그럼에도 보험금 청구를 하지 않은 것이 궁금했다.

"제수씨, 그런데 왜 저한테 보험금 청구 문의 안하셨어요?"

"이것도 보험금 접수가 가능해요? 이게 질병도 아닌데?....."

성조숙증으로 인한 주사치료 또한 일반적인 질병 치료와 다르지 않다는 점을 설명해 주었고, 1년간 발생한 진료비영수증 및 소견서 등을 받아 보험금 청구를 도와주었다.

그리고 서울로 돌아온 지 이주 후쯤 제수씨에게 전화가 걸려 왔다. 수아보다 한 살 터울의 동네 학부모가 딸아이의 성조숙증 진단 후 보험금 청구를 했는데 보험회사에서 지급 거절을 당했다는 내용이었다. 수아는 수월하게 보험금을 받을 수 있었는데 왜 지인의 경우는 다르냐며 청구를 도와줄 수 있는지에 대해 물어왔다.

## 갈수록 증가하는 성조숙증

쉽게 말해 성조숙증은 아이의 이차 성징이 너무 빨리 시작하는 질병을 말한다. 일반적으로 여자아이는 8세 이전에 유방발달이 시작되는 경우를 말하고, 남자아이는 9세 이전에 고환이 커지기 시작하는 경우로 조발 사춘기 라고 칭한다.

이르게 이차 성징이 나타난 어린이는 정상 어린이보다 키가 빨리 자라 사춘기 초기에는 또래 아이들보다 키가 크고 잘 자라지만 성장판이 일찍 닫혀 성장이 멈추므로 결국 최종적으로는 평균보다 신장이 작은 성장장애가 올 확률이 높다.

 의사가 진단하는 질병 종류에 따라 질병 분류코드는 다양할 수 있지만 대표적인 성조숙증 질병코드는 'E30.1(조발사춘기)'이다. 건강보험심사평가원 자료에 의하면 E30.1(조발사춘기)로 의료기관에서 진료받은 환자는 2010년 2만 8,251명에서 2015년 7만 5,945명으로 약 2.7배 증가했으며, 2019년 10만 8,576명으로 4년 만에 42.9% 늘어났다.

단순히 아이가 빨리 크는 것이 아니라 성조숙증은 호르몬 문제로 성장 마감시기가 앞당겨져 키성장 문제, 이른 초경으로 인한 여성질환 노출 증가 등 다양한 문제가 발생할 수 있어 치료가 필요한 질환이다.

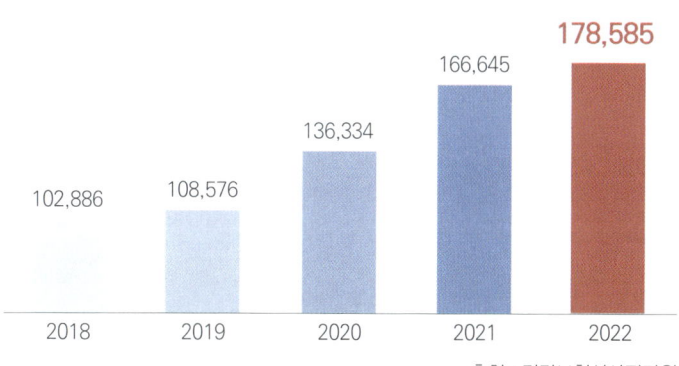

〈성조숙증 환자 추이〉

출처 : 건강보험심사평가원

## 성조숙증의 종류와 치료법

성조숙증은 진성 성조숙증과 가성 성조숙증으로 분류할 수 있다. 아이들을 성숙하게 하는 성호르몬(남성,여성호르몬)은 뇌에 있는 시상하부-뇌하수체 라는 곳에서 분비를 조절한다.

진성 성조숙증은 뇌에서 전달된 신호에 의해 나타나는 정상적인 과정에 의해 일어난 것으로 시상하부-뇌하수체-성선으로 이어지는 호르몬의 활성화가 일찍 발현되어 나타난다. 가성 성조숙증은 갑상선기능저하증, 부신피질종양 등 다른 원인에 의한 것으로 사춘기적 변화를 일으키는 성선호르몬이 정상적인 뇌하수체 호르몬 자극에 의해 일어나는 것이 아닌 경우이다.

성조숙증이라고 해서 무조건 치료를 받아야하는 것은 아니지만, 아이가 심리적으로 어려움을 겪고 있고, 원인에 따라 진행속도가 빠르면 치료를 시작하는 것이 좋다. 치료는 생각보다 간단하게 끝나지 않고 부모와 아이의 인내심을 필요로 한다.

진성 성조숙증의 경우 성호르몬 분비를 억제하는 주사를 정상적인 사춘기가 시작되는 12-13세까지 4주 또는 12주마다 1번씩 맞게 된다. 상황에 따라 다르지만 약 2-5년 정도 호르몬 억제를 위한 치료를 받게 되는데 1년에 약 1,000만원 가까이 비용이 들 수 있어 치료비용 또한 만만치 않다.

성조숙증으로 보장혜택을 볼 수 있는 담보는 성조숙증 진단비, 성조숙증 약제치료비, 실손의료보험이 있다. 성조숙증 환자가 늘어나면서 보험회사 심사기준 및 약관 규정이 까다로워졌고, 치료를 받을 때마다 혜택을 볼 수 있는 실손의료보험은 가입시기별로 달라지기 때문에 주의가 필요하다.

## 성조숙증 보상 - 가입시기별 약관 확인 필수

2009년 10월 이전에 가입한 실손의료보험은 성조숙증에 관련한 별도의 언급이 없기 때문에 치료목적의 소견서만 제출한다면 큰 문제 없이 보상이 가능하다.

2009년 10월 이후부터 2016년 1월 이전 가입자들의 실손의료보험 약관을 보면 호르몬 투여는 보상하지 않는 손해에 해당하지만, 회사가 보상하는 질병 치료를 목적으로 한 경우에는 보상받을 수 있다.

2015년 12월, 금융감독원에서도 소비자가 놓치기 쉬운 보장항목으로 '진성 성조숙증 치료를 위한 호르몬 투여'를 기재한 만큼 성조숙증 진단과 함께 치료목적이라는 의사의 소견서가 있다면 진단을 위한 검사비, 진단 후 치료를 위한 호르몬 투여비 모두 보상이 가능하다.

> **약관정보**
>
> **2009년 10월~2016년 1월 이전 실손의료보험**
> **[보상하지 않는 손해]**
> 영양제, 종합비타민제, **호르몬 투여**, 보신용 투약, 친자 확인을 위한 진단, 불임검사, 불임수술, 불임복원술, 보조생식술(체내, 체외 인공수정을 포함합니다), 성장촉진과 관련된 비용 등에 소요된 비용. 다만, 회사가 보상하는 질병 치료를 목적으로 하는 경우에는 보상하여 드립니다.

보험가입시점이 2016년 1월 이후인 실손의료보험부터는 달라진다. 성조숙증 치료가 많아지면서 보험회사는 약관에 문구를 추가하며 지급조건을 강화하였다. 국민건강보험 요양급여 기준에 해당하는 성조숙증을 치료하기 위한 호르몬 투여에 대해서 보상한다는 단서 내용을 삽입하였다.

쉽게 말해 진성 성조숙증 치료는 보상이 되지만 건강보험 적용이 되지 않는 치료는 보상하지 않겠다는 것이다. 2016년 1월 이후 가입자부터는 성조숙증 관련 요양급여 기준에 충족이 되어야 하므로 주의가 필요하다.

> **약관정보**
>
> **2016년 1월~2021년 6월 이전 실손의료보험**
> **[보상하지 않는 손해]**
> 영양제, 비타민제, **호르몬 투여(다만, 국민건강보험의 요양급여 기준에 해당하는 성조숙증을 치료하기 위한 호르몬 투여는 보상합니다)**, 보신용 투약, 친자 확인을 위한 진단, 불임검사, 불임수술, 불임복원술, 보조생식술(체내, 체외 인공수정을 포함 합니다), 성장촉진, 의약외품과 관련하여 소요된 비용. 다만, 회사가 보상하는 질병 치료를 목적으로 하는 경우에는 보상합니다.

성조숙증 요양급여 기준을 살펴보면 다음과 같다. 여아는 만 8세미만, 남아는 만 9세 미만 이어야 하며 사춘기발달(이차성징성숙도)이 2단계 이상이면서 골연령이 자기 나이보다 2세이상 증가되고, 황체형성 호르몬(LH)이 기저치의 2-3배 이상 증가하면서 최고농도가 5IU/L이상 이어야 한다.

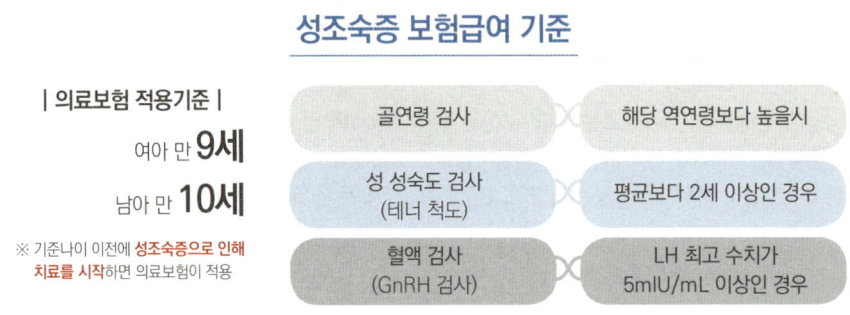

보험가입시점이 2021년 7월 이후인 실손의료보험은 이전 실손의료보험들과 뚜렷한 차이를 보이고 있다. 급여와 비급여를 구분하여 보상하는데 비급여 호르몬 투여를 보상하지 않음은 이전 실손의료보험과 동일하다. 그런데 급여 의료비에 있어 주목할 부분이 있다. 성장호르몬제 투여비용으로 부담한 전액본인부담금은 보상하지 않는다고 되어 있다.

> **약관정보**
>
> **2021년 7월 이후 약관**
> [보상하지 않는 손해]
> (급여의료비) 성장호르몬제 투여에 소요된 비용으로 부담한 전액본인부담금
> (비급여의료비) 호르몬투여, 보신용투약, 의약외품과 관련하여 소요된 비용

수아 엄마가 문의했던 친구 어머니의 경우는 수아보다 한 살 많은 9살이었다. 보험증권을 살펴보니, 보험가입 시기는 2017년으로 엄마 뱃속에 있을 때 가입했던 태아 보험을 5살 때 새로운 보험으로 갈아탄 상황이었다. 수아네와 달리 약관이 강화된 3세

대 실손의료보험 가입자이기 때문에 수아네와 보험금 지급상황에 차이가 있었다. 보험금 지급 기준인 요양급여 항목에서 LH호르몬 수치가 충족되지 않아 안타깝게도 보험금 지급이 거절되었다.

> **전액본인부담금이란?**
> 건강보험 급여에 해당되는 항목 중 특정 항목의 요양급여비용을 말 그대로 전액 환자(100%)가 부담하는 것이다. 급여는 일반적으로 건강보험에서 지원을 받지만 전액 본인부담금은 급여에 포함되어도 보험 재정 고려 차원에서 지원을 받을 수 없다. 즉 급여 항목에 포함되지만 비급여와 마찬가지로 건강보험지원을 받지 못한다.

## 성조숙증 보험청구시 주의점

성조숙증 치료의 가장 큰 고민은 부담스러운 치료비용이다. 성장호르몬 검사에서 치료까지 연간 1천만원 가량 들어가는 경우도 적지 않다. 부모입장에서는 부담스러울 수 밖에 없으니 말이다. 기준에 충족할 경우 건강보험 적용이 가능하고, 건강보험 적용이 된 치료는 실손의료보험 청구가 가능하니, 성장기 자녀를 둔 부모는 전문가와 상담하는 것이 좋다.

성조숙증으로 보험금 청구 시 부지급 되는 가장 큰 이유는 두가지이다. 첫째, 검사 자체가 미흡한 경우이다. 정밀검사 기록 없이 주치의 소견서만으로 진단한 경우, 검사상 수치 미달이라 경과 관찰이 필요한 상황인 임상적 추정 상태, 소아과에서 영유아 검진 등으로 진단한 경우이다.

둘째, 요양급여 기준에 미달한 경우이다. 연령 조건, 이차 성징성숙도와 골연령, 황체형성호르몬 기준에 모두 부합해야만 요양급여 기준에 해당하여 건강보험혜택을 받을 수 있다. 위 기준에 하나라도 미달될 경우 급여 적용이 안되며 보험금은 부지급 될 가능성이 높다.

## 무엇보다 조기 진단이 중요한 성조숙증 치료

성조숙증은 분명 치료가 필요한 질환임에 틀림없다. 신체적인 문제도 있지만 심리적인 문제로 작용하기도 하며 아이의 사춘기 시기와 맞물려 정신적인 문제로 발전할 수 있으므로 성장기 자녀를 둔 부모라면 주의 깊게 살펴보아야 치료시기를 놓치지 않을 수 있다.

보험회사의 약관 변경에 따라 성조숙증 보상기준 또한 건강보험 적용이 중요해졌다. 실제 보험금 지급이 거절된 사례들을 살펴보면 아동의 연령 때문인 경우가 많다.

부모세대에서는 크게 신경쓰지 않아도 될 질환이었고 당시에는 치료를 진행하는 경우가 많지 않았기 때문에 자녀의 치료시기를 놓치는 안타까운 경우가 더러 있다. 진단 및 투여 나이가 남아 만 9세, 여아 만 8세 미만인 만큼 내 자녀의 이차성징이 조금은 빠른 것 같아 보인다면 최대한 빠른 검사를 통해 조기에 진단받을 것을 추천한다.

식습관 및 생활환경 등의 변화로 성조숙증 환자는 빠르게 증가하고 있고, 이에 맞춰 보험회사는 성조숙증 치료에 대한 보험금 지급 심사기준을 강화하고 약관 규정을 명확히 했다.

2016년 8만 6,300여명 이었던 성조숙증 환자 수는 2020년 13만 6,000여명으로 4년 사이 약 57% 증가했다. 코로나 등의 영향으로 최근 소아비만이 증가하자 이로 인해 성조숙증에 노출되는 소아도 많아졌다는 분석도 있다.

다만 보험회사의 보험금 지급 기준 강화를 성조숙증 환자 증가로 인한 보험금 지급 증대를 막기 위한 처사라고만 볼 수는 없다. 최근 자녀의 키를 더 성장하게 하려는 목적으로 성조숙증 검사를 진행해 보험금 청구를 악용하는 부모가 많아졌다. 아이 키와 관련한 치료는 크게 성조숙증 치료와 성장호르몬 주사로 구분할 수 있는데, 내 아이가 성조숙증 환자가 아님에도 자녀의 키 성장을 위해 성조숙증 검사 후 호르몬 치료를 병행하며 치료비는 실손의료보험금으로 보상받는 사례가 굉장히 늘어난 것이다.

성조숙증 관련 치료비는 지속적으로 매월 수십만원이 청구되는데 무분별한 청구와 보험금 지급은 결국 전체 손해율을 상승시키고 보험료인상의 원인이 된다. 보험회사의 지급기준 강화는 자녀 키 성장을 위한 무분별한 성조숙증 보험금 청구를 차단하기 위함이며, 정말 치료가 필요한 아이들을 위한 방패막인 것이다.

나 하나면 괜찮겠지 라는 생각은 선의의 피해자를 만들고 결국 스스로에게도 부메랑이 되어 돌아올 수 있다. 실제 보험 현장에서 이런 이유로 본인뿐 아니라 아이에게도 상처를 주는 경우를 가끔 보게 된다.

보험을 현명하게 활용하되, 악용하지 않는 것 또한 중요하다. 떳떳하고 부끄럽지 않은 부모의 모습은, 아이에게 세상 어떤 영양제 이상의 건강한 정신적 자양분이 된다는 사실을 잊지 않았으면 좋겠다.

### ✔ Check point

1. 실손의료보험 가입시점에 따라 보상 여부 다를 수 있으니 사전 체크!
2. 치료목적 소견 및 질병코드 확인
   EX) 성조숙증(E30.1) 가능, 저신장증(E34.3) 불가능
3. 이차 성장 징후 발견하면 최대한 빠른 검사
   - 남아 만 9세, 여아 만 8세 이전

### 〈실손의료보험 가입시기에 따른 성조숙증 보장내용〉

| 실손보험 종류 | 가입시기 | 특 징 |
| --- | --- | --- |
| 표준화 이전 실손보험 | 2009.10 이전 | 급여, 비급여 모두 보장 |
| 표준화 이후 실손보험 | 2009.10~2015.12 | 급여, 비급여 모두 보장<br>(호르몬 투여는 면책이나, 질병치료에 한해 보장) |
| 16년 개정 후 실손보험 | 2016.01~2021.06 | 국민건강보험의 요양급여 기준에 해당하는 성조숙증을 위한 호르몬 투여는 보장<br>단, 비급여는 면책 |
| 4세대 실손보험 | 2021.07~ 현재 | 3세대 실손보험과 동일하게 요양급여 기준에 해당하는 호르몬 투여는 보상 가능. 단, 성장호르몬제 투여에 소요된 비용으로 부담한 전액본인부담금 보상 제외 |

# 과유불급(過猶不及)
## 일상생활배상책임

오랜만에 동창들을 만났다. 세월이 흘러서 이제는 머리도 제법 희끗희끗하고, 주름도 자리를 잡아가고 있었다. 그간 각자 치열하게 지내왔을 무수한 시간과 사연들…. 굳이 설명하지 않아도 가을 단풍처럼 곱게 세월에 물들어가는 그들의 모습에서 하나 하나 읽을 수 있었다. 대화의 내용도 취미나 여행 등 화려하고 소모적인 것들에서 일상과 관련된 소소한 것들로 자연스럽게 변해 있었다. 이날의 핵심 화제는 층간소음이다. 동창 중 누군가 층간 소음으로 고생을 좀 하고 있던 모양이다. 그런데 그 친구 말고도 비슷한 고생을 하는 이들이 있었던지 얘기가 쉬 끝나지 않았다.

부모님과 아이들까지 3대가 함께 살고 있는 동창 정민이도 층간 소음에 아랫층과 이미 감정이 상한 상태인 듯 보였다. 초등학생인 쌍둥이 아들들의 발소리가 원인이라고 했다. 방학이라 아이들이 처갓집에 내려가 있는데도, 아랫층에서 어떤 소음 때문인지 또 항의를 해왔다고 푸념을 늘어 놓았다.

"안맞아, 안맞아. 아랫집이랑은 뭐가 계속 안맞아."

"왜? 또 소음 때문에 항의한 거야?"

"아니. 다행히 소음은 아니었어. 그런데 이번에는 주방 천정 벽지가 젖었다면서 우리 집 누수 문제 아니냐고 하더라고. 그래서 설비업체 사장님 불러서 우리 집, 아랫집 다 살펴봤더니 우리 쪽 누수가 원인이래. 돈 꽤나 들 거 같아."

근심 가득한 표정으로 정민이가 이야기를 이어가려는 찰나, 학창시절 똑순이라고 불렸던 민선이가 좋은 방법이 있다며 테이블을 탁 쳤다.

"야 우리집도 저번 달에 누수 문제로 아랫집 공사해줬는데 그 때 보니까 공사업체 사

"당신의 보험금을 지켜주는 착한 레시피" **보험금 전쟁에 대비하라**

장님이 우리 집 싱크대 교체까지 보험으로 할 수 있다면서 견적서를 가져 오셨더라고. 그걸로 뜯는 김에 싹 다 들어내고 싱크대도 오래돼서 바꿨어. 어머니가 식기세척기도 놓고 싶다고 하셔서 그거까지 해드렸다니까? 우리 집 공사해줬던 그 업체 사장님 정보 줄까? 아, 너 일상생활배상책임 있지?"

"설마 그런게 되겠어. 보험회사가 바보도 아니고, 그런 것까지 해주겠어" 한쪽에서 듣고 있던 다른 친구가 말을 더했다.

"맞다니까. 내가 경험자라니까"

얘기가 여기까지 이르자 갑자기 모든 시선이 나에게 집중되었다. 한쪽 구석에 앉아서 오랜만에 술과 추억에 젖어 있다가 갑자기 친구들에 의해서 배심원석 같은 곳으로 끌려 나온 것 같았다. 판결을 기다리는 원고와 피고의 눈길이 이럴까? 아무래도 술과 추억에 빠지는 호사는 포기하고, 정확한 정보로 판결을 내려줘야 할 것 같았다.

## 생활에 유용한 일배책!

일상배상책임특약, 이제는 보험 가입시 해당 특약의 가입 유무를 소비자가 먼저 물어올만큼 많이 알려진 특약이다. 피보험자(가해자)가 타인(피해자)에게 인명, 재산상의 피해를 입힘으로써 발생한 법률상 배상책임에 따른 손해를 보상하는 보험이다. 피보험자의 범위에 따라 크게 일상배상책임보험, 가족일상생활책임보험, 자녀일상배상책임보험으로 나뉜다. (이하 일배책)

- 아이가 킥보드를 타다가 남의 차를 긁었다면?
- 거주중인 집에 누수가 발생해 아랫집에 물이 샜다면?
- 길을 가다가 실수로 타인의 손을 쳐 핸드폰을 파손시켰다면?
- 지인의 집에 놀러갔다가 아이가 TV를 파손시켰다면?
- 주차장에서 이중주차된 차를 빼기 위해 밀다가 접촉사고가 발생했다면?
- 반려견이 이웃이나 다른 개를 물어 피해를 끼쳤다면?

실제 우리의 흔한 일상 속에서 쉬이 발생할 수 있는 일이다. 허나 막상 벌어졌다면, 남

"당신의 보험금을 지켜주는 착한 레시피" **보험금 전쟁에 대비하라**

에게 끼친 손해를 물어줘야 하는 상황이 난감할 수 밖에 없다. 더군다나 손해액이 커서 생각치도 못한 금액이 발생한다면 가해자의 상황에 따라 피해자의 피해 보상이 제대로 이루어지지 않을 수도 있으니 만약의 상황을 마주한 가해자와 피해자 모두에게 실낱 같은 희망이 될 수 있는 보험이 바로 일배책이다.

## 보험회사의 애물단지가 된 일상배상책임

위와 같은 상황에서 일배책이 가입되어 있다면, 가입금액(통상1억) 한도 내에서 보상이 가능하다. 보상 한도에 비해 월 보험료는 대략 1,000원 정도로 굉장히 저렴하여 활용도가 높은 특약 중 하나이다. 일배책이 많은 가입자들에게 알려진 이유는 바로 누수피해로 인한 보상이다. 내 집에 물이 새서 아랫집에 피해를 줬다면, 아랫집 도배나 장판 등 인테리어 비용과 물건 손해액을 보상한다. 2013년 금융감독원 금융분쟁조정위원회(제2013-17호)가 누수 차단을 위한 방수공사비 전액을 지급하라고 결정한 이후부터는 아랫집 손해와 더불어 손해방지비용 명목으로 내 집에 대한 수리비도 보상받을 수 있다.

일배책 특약 약관을 살펴보면, 손해를 방지하고 경감하기 위해 쓴 비용도 보상하는 손해에 해당한다. 누수의 원인인 내 집의 원인을 제거하지 않으면 아랫집의 손해에 대한 수리가 이루어져도 또 손해가 발생할 위험이 있으니 다시 손해가 발생하지 않도록 방지해야 한다는 이유로 내 집의 수리도 보상범위가 되는 것이다. 그런데 이 내용을 빌미로 화장실 리모델링은 일배책이다 라는 우스갯소리가 나올 정도로 많은 비용이 손해방지비용 명목으로 지급되었다. 문제가 된 부분만 수리하면 되지만, 이왕 고치는 김에 미관상 싹 다 갈아엎어버리는 대공사가 벌어졌던 것이다. 이에 보험회사와 소비자간 손해방지비용 인정에 대한 분쟁이 발생하였지만 법원 역시 매번 다른 기준을 내놓았다.

2020년 누수 관련하여 금융분쟁조정위원회의 결정(제2020-7호,8호)이 새로 나왔다. 오탐지비용과 바닥철거, 배관교체, 방수작업 등 누수사고 재발 방지 및 손해 경감 목적의 공사비용을 지급하라는 결정은 2013년의 결정과 유사하지만 단서조항을 남겼다. 반드시 누수사고가 발생한 경우에 한하며 손해 방지, 경감 목적과 직접적인 관련이 없는 벽면 공사 및 보양공사 비용 등에 대해서는 보험회사가 보험금을 지급할 의무가 없음을 확인했다.

### 당신도 보험사기에 연루될 수 있습니다.

그 어떤 특약보다 굉장히 적은 보험료로 큰 보험금 혜택을 볼 수 있어 활용도가 높은 특약이 바로 일배책이다. 그런데 활용도가 높다라는 얘기가 한편으로는 무섭게 들린다.

누수 관련 수리 비용이 몇 십만 원에서 그치지 않고 수백만원을 넘었다. 공사비용 치고는 과한 수준을 넘었으나 보험회사 입장에서는 입증이 쉽지 않은 경우가 많다. 누수 탐지 업체가 공사비를 부풀려 청구하거나, 고객이 보험에 가입되어 있지 않은 경우 먼저 수리한 뒤 보험에 가입시켜 보험금을 타낸다.

일부 업체는 고객들에게 전혀 문제가 없다며 안심시키거나 뻥튀기한 공사비 중 일부를 '페이백' 해주겠다는 제안을 하기도 한다. 누수 피해를 본 아랫집에 도배 등 인테리어 비용이 발생한다는 점을 악용하여 인테리어 업체까지 끼고 전문적으로 활동하는 누수 업체들까지 생겼다 하니 말 다했다.

이는 엄밀히 말하면, 보험사기다. 업체가 공사비를 부풀리고 이를 소비자에게 페이백 했다면, 소비자 입장에서는 일상 속 급작스러운 사고 덕에 약간의 꽁돈이 생겼다고 가벼이 생각할 수 있지만 보험사기의 당사자가 된 것이다. 보험사기로 인한 피해는 결국 보험계약자에게 돌아간다. 보험사기로 누수되는 불필요한 보험금 지급이 늘어날수록 결국 보험 가입자의 보험료는 인상될 수 밖에 없다. 또한 지급 기준이 까다로워지면서 정말 보험금을 받아야 함에도 기준에 못미쳐 받지 못하는 불상사가 생길 수 있음을 명심해야 한다.

## 보험 설계사는 작가도 피디도 아닙니다.

이 땅의 많은 보험 설계사들을 향해 결국 자기 잇속 챙기는 영업쟁이라고 흔히들 쉽게 얘기한다. 그런데 생각보다 우리 보험 설계사들 중엔 고객을 위해 물불 가리지 않는 이들이 많다. 의사도, 간호사도 아니지만 영어로 가득한 검사결과지를 분석할 수 있을 정도로 누구보다 의학공부를 열심히 하는 이도 있다. 변호사도, 손해사정사도 아니지만 고객이 정당한 보상을 받게끔 약관을 파헤치고 보험금 지급심사팀과 줄다리기를 하며 대신 싸워주는 이도 있다. 밤늦은 시간 교통사고가 난 고객의 놀람을 안정시키기도 하고, 고객이 아프거나 다쳤을 때 그의 손발을 대신하여 보험금청구 업무를 해주기도 하고. 고객에게 도움이 되기 위해 본인만의 방식으로 노력하는 설계사들은 너무나도 많다.

그런데 안타깝게도 보험금을 받고 못 받는 문제를 담당 설계사의 능력이라며 몰아세우는 고객들이 아직도 있다. 계약 약관상 당연히 받아야 할 보험금을 안내해야 하는 것은 설계사의 능력이다. 그러나 무조건 보험금을 받게끔 만들어주는 사람은 아니다.

내 아이가 놀다가 본인 집의 TV를 망가뜨렸다. 일상배상책임을 떠올리고는 보상범위에 해당하지 않음을 알지만 담당설계사에게 전화해 문의한다. 혹시 보험금 받을 수 있는 방법이 없을까요? 라며 묻는 고객의 요청에 설계사는 멈칫 대답을 고민한다. "이렇게 이렇게 하시면, 받을 수 있어요" 마음속에선 이미 소설이 만들어지고 있다. 도움이 필요하다며 나를 찾은 고객에게 듣고 싶은 답변을 해주고 싶은 것이 담당자의 맘이다. 반대로 도리어 해당이 안된다며 정확하게 답변을 한 설계사는 고객에게 아쉬운 소리를 들을 수도 있다. "다른 설계사는 받게 해줬다던데…."

일배책 청구를 위한 서류 중 하나가 사고경위서인데, 설계사는 일배책 보험금을 받을 수 있게 내용을 만들어주는 작가도 아니고 피디도 아니다. 사실이 아닌 내용을 구성하여 보험금 혜택을 볼 수 있게 만들어주는 것이 설계사의 능력이 아니기에 담당 설계사를 범죄자로 만드는 일을 요구해서는 안된다. 우리 설계사들 또한 본인을 지키기 위해 넘지 말아야 할 선이 있음을 꼭 기억하자. 설계사인 나는 내가 지켜야한다. 어느 누구도 나를 책임져주지 않는다.

## 부고, 보험 설계사에게도 반드시 전하자
### 사망, 실종

사망은 그 누구도 제한할 수 없는 보험상품의 고유 영역이다. 사망보험을 가입하고 보험료 납입을 다 하지 않았다 하더라도 사망사고가 발생하면 보험회사는 사망보험금을 지급해야 한다. 보험계약이 성립하고 다음날에 사망했을지라도 말이다.

그렇다면 부담보 조건이 있는 보험계약에서 사망했다면 어떻게 될까? 예를 들어, 가입 전 질병으로 인해 자궁 부위 전기간 부담보로 계약이 성립되었다. 그런데 자궁암 진단을 받았고, 자궁암으로 인해 사망하였다. 암 진단비는 부담보 부위인 자궁에 발생했기 때문에 보장을 받을 수 없다. 그렇다면 사망보험금은 지급이 될까? 부담보 부위로 인한 사망이기 때문에 사망보험금 역시 지급이 되지 않을까? 아무리 부담보 부위에 발생한 질병으로 인해 사망했다 할지라도 사망보험금은 부담보 조건과 상관없이 지급된다.

존엄사를 선택했다면? 2018년부터 시행된 연명의료결정법(호스피스·완화의료 및 임종과정에 있는 환자의 연명의료결정에 관한 법률)에 따라 해가 갈수록 연명의료결정에 대한 관심이 높아지고 있다. 연명의료 중단은 임종과정에 있는 환자에게 심폐소생술, 혈액투석, 항암제투여, 인공호흡기 착용과 같은 행위를 하지 않는 것이다.

연명의료 중단 결정으로 인한 사망은 엄연히 스스로 목숨을 끊는 자살과 다른 행위이며 사망보험금 지급에 영향이 없다. 즉, 존엄사 및 연명의료를 중단하였다고 해서 보험회사는 사망보험금을 지급하지 않거나 미뤄서는 안되며 연명치료 중단이 사망의 주원인이 아니기 때문에 연명의료 이전에 발생한 질병이나 상해 등을 사망의 원인으로 보아 해당하는 사망보험금을 지급해야 한다.

인간에게 사망은 생이라는 전체 여정의 종착점이다. 그런데 보험의 관점에서 보면 이 사망에도 다양한 분류와 해석이 따라 붙는다. 일반사망, 질병사망, 재해사망, 상해사망 등 사망의 종류를 나누고, 이에 따라 보상의 정도도 달리하고 있다.

## OECD 평균 두 배를 상회하는 국내 자살율

우리 나라 사람들의 사망원인 1위를 살펴보면 40대 이후는 암이지만, 10대부터 30대까지는 자살이다. 40-50대 사망원인에서도 자살은 2위를 기록하고 있다. OECD 평균수치의 2배를 상회하며 자살공화국이라는 안타까운 오명을 쓰고 있다. 실제로 하루 평균 37명의 고귀한 삶이 스스로 생을 마감하고 있다.

자살은 기본적으로 고의 행위이다. 고의 자살은 원칙적으로 보험금 지급요건에 해당하지 않는다. 다만 예외적으로 우울증이나 정신질환과 같은 심신상실 등으로 자유로운 의사결정을 할 수 없는 상태에서 발생한 자살은 재해(상해)사망보험금을 지급한다. 또한 보장개시일로부터 2년이 지난 후에 자살한 경우에는 일반사망보험금이 지급된다.

그런데 2010년 4월 이전 생명보험은 대법원 판결(2016년 5월)에 따라 보장개시일로부터 2년이 지나 자살한 때에 고의나 자해 여부를 묻지 않고 재해사망보험금을 지급해야 한다. 그동안 보험회사들은 재해사망보험금을 지급한다는 특약의 내용이 오기이며, 자살사망자는 재해사망에 해당하지 않는다는 이유로 보험금을 지급하지 않았다. 대법원이 재해사망보험금을 지급하라고 소비자의 손을 들어줌에 따라 끝까지 자살보험금을 지급하지 않은 보험회사들에게 소멸시효와 무관하게 지연이자를 포함한 보험금 전액을 지급하라며 중징계를 내렸다.

2010년 4월 이후 약관이 개정됨에 따라 2년이 지나 자살한다면 재해사망보험금이 아닌 일반사망보험금이 지급되고, 심신상실 상태에서 발생한 자살은 재해(상해)사망보험금이 지급된다. 약관이 변경된 이후에도 자살 사망보험금과 관련한 분쟁은 끊이지 않는다. 자살은 아예 보험금 지급대상이 아님을 오해하는 사람들이 아직도 많을뿐더러 유가족은 고인의 사망사실을 쉬쉬하며 덮기에 바쁘지 고인의 보험을 살펴볼 생각 따위 할 수가 없고 보험에 대한 생각을 아예 접어버린다.

또한 고인의 심신상실 상태에 대한 보험회사와의 분쟁은 유가족을 더 비참하고 힘들게 만들 뿐이다. 물론 정신질환을 가지고 있다는 이유로 무분별하게 자살 사망보험금을 지급하는 경우 이를 악용하는 범죄행위가 생길 수 있으며 이는 큰 사회적 문제가 될 수 있다. 하지만 엄연히 자살도 보험금 지급대상에 해당하기 때문에 유가족이라면 보험의 효력을 살펴야 한다.

## 실종자에 대한 보험금 적용

스스로 꼭꼭 숨기라도 한 듯 감쪽같이 사라져 버린 이들, 우리는 이들을 실종자라 부른다. 경찰서 신고 기준 실종자 수는 하루 180명 정도라고 한다. 놀랍게도 아이를 제외한 성인의 수만 따졌을 때이다. 그런데 아동이 아닌 성인에게는 공공기관에서조차 실종이라는 표현보다는 가출이라는 표현을 사용하고 있다. 따라서 실 실종자 수는 훨씬 많다고 볼 수 있다.

실종이란 생사불명의 상태가 지속되는 것으로, 생사를 확인할 수 없는 상태이다. 그렇다면 실종자 보험은 존재할까? 실종자 보험이나 실종자 특약은 찾아볼 수 없지만, 실종 상황이 되었을 때 지급되는 보험금은 있다. 바로 사망보험금이다. 생명보험과 손해보험 약관을 살펴보면 1)실종선고를 받은 경우, 2)관공서에서 조사하고 사망으로 통보한 경우에 사망보험금을 지급한다. 실종자의 가족들이 실종이라는 현실을 인정하기는 쉽지 않다. 그렇다고 현실을 외면해서도 안되는 이유는 보험금을 지급받기 위해서는 실종 당시에 보험 계약이 유효하게 살아있어야 하기 때문이다.

민법에서 위난을 당한자의 실종선고 기간은 1년, 단순부재자 실종은 5년이다. 과거 2011년 4월 이전의 보험약관은 위난을 당한자에 한하여 사고가 발생한 때를 기준으로 사망을 인정하였지만 2011년 4월 이후 약관은 사람이 실종된 날을 사망일로 보는 것이 아니라 상황에 따라 1년(위난) 또는 5년(단순부재자)의 시간이 흐른 뒤에야 비로소 사망한 것으로 인정되기 때문에 실종으로 인한 사망보험금을 지급받으려면 당연히 그 시간(1년, 5년)동안 보험료를 계속 납입하고 있어야 한다.

그런데 과연, 실종자의 가족이 보험을 신경쓰면서 계속적으로 꾸준히 보험료 납입을 할 수 있을까? 실종 당사자가 보험의 계약자 및 보험료 납입자라면 회사의 계약 유지 실효 여부도 안내받기 힘들 것이니 보험을 유지한다는 것은 거의 불가능에 가깝다.

보험은 만약의 질병이나 사고에 대비하여 가입하지만 실종될 것을 미리 예상하는 실종자는 아무도 없을 것이다. 다른 보험사고와 마찬가지로 실종사고로 인하여 보험금을 지급받을 일이 당연히 없어야 하지만, 애석하게도 지금도 누군가의 가족들은 돌아오지 않는 이를 하염없이 기다리고 있다. 그리고 그들이 만약 가입한 보험이 있다면, 실종 순간부터 행정적으로 사망이 인정되는 시기까지는 보험을 잘 유지하여 보험금을 지급받아야 함이 맞다. 따라서 실종이 예상된다면, 실종과 관련된 당사자들은 실종자의 보험에 대해 살피고 만일의 경우에 대비해 실효되지 않도록 주의해야 할 것이다.

"당신의 보험금을 지켜주는 착한 레시피" **보험금 전쟁에 대비하라**

## 가족 등 사망 시 담당설계사에게도 알리자

시대가 변화하고 소비자의 니즈가 다양해짐에 따라 보험상품 역시 굉장히 세분화되었다. 과거에는 사망을 보장하는 종신보험이 주를 이루었다. 하지만 요즘엔 암, 뇌, 심장 질환에 대한 진단비 뿐만 아니라 치매, 간병 등 요양상태를 보장하는 보험까지 출시되고 있다. 더불어 내가 원하는 것만 골라 보장받는 미니보험까지 수많은 보험상품이 판매되고 있다.

하지만 그렇다고 보험의 본질까지 변하지 않는다. 보험은 언제까지나 수많은 경제적 위험속에서 우리를 보호해 줄 보호장치이다. 그 중에서도 사망보험금은 여전히 많은 사람들에게 든든한 보호막의 역할을 자처한다.

사망사고가 발생하면 유가족은 많은 것을 살필 여유가 없다. 준비되지 않은 급작스러운 죽음이라면, 또한 불미스러운 사망이라면 더 그럴 것이다. 맘놓고 슬퍼하기도 쉽지 않을 것이다. 그런데 부고는 잔치보다 널리 알리라는 말이 있다. 보험을 가입하며 가장 마지막으로 지급될 보험금인 사망보험금 만큼은 꼭 담당 설계사와 상의할 것을 권한다.

## 2장

# 보험 즉문 즉설

진단 편

**Q** 암진단금은 언제부터 받을 수 있나요?

**A** 계약일로부터 90일 경과 후 부터 가능합니다.

> **약관정보**
>
> [보험금 지급에 관한 세부규정]
> '암'('유사암' 제외)에 대한 보장개시일은 계약일로부터 그 날을 포함하여 90일이 지난 날의 다음 날로 합니다.

여기서 말하는 암은 일반암 기준이며, 유사암으로 분류되어 있는 기타피부암, 갑상선암, 제자리암(상피내암), 경계성 종양의 경우는 가입 즉시 효력이 발생하기 때문에 90일 면책기간을 적용 받지 않습니다(약관에 따라 상이할 수 있음).

암에 대한 면책기간 혹은 감액기간을 설정하는 것은 계약자, 피보험자의 역선택으로 인한 보험의 악용을 막기 위한 규정이라고 할 수 있습니다. 그러나 어린이보험의 경우 역선택의 우려가 적고 발생할 수 있는 확률이 낮아 90일 면책기간 없이 보험 혜택을 받을 수 있습니다. 단, 일부 어린이보험은 90일 면책기간 적용 받을 수 있으니 해당 약관을 확인해야 합니다.

만약 90일 이내에 암 진단을 받아 암 진단금은 못 받았지만, 그 뒤 다른 암에 걸리거나 재발하는 경우 보험금을 받을 수 있을까요? 결론부터 말하자면 받을 수 없습니다. 암 진단을 숨기고 보험계약을 유지하다가 추후 암 진단을 받았을 때 보험금 수령이 가능하다는 잘못된 정보에 의해 유지하는 분들이 있는데 약관은 계약의 무효로 명시하고 있습니다.

> **약관정보**
>
> [특약의 무효]
> 피보험자가 이 특약의 계약일로부터 '암'('유사암'제외)에 대한 보장개시일 전일 이전에 '암'('유사암'제외)으로 진단확정된 경우에는 이 특약은 무효로 하며 이미 납입한 이 특약의 보험료를 계약자에게 돌려드립니다.

## Q 암진단일은 언제인가요?

## A 조직검사 결과지 보고일입니다.

암 관련 특약 보장개시일은 계약일로부터 90일이 지난 다음날이며 상품에 따라 계약일로부터 1년 이내의 진단은 50% 감액하여 지급합니다. 따라서 암진단을 언제 받았는지에 따라 며칠 사이로 보험금을 아예 지급받지 못하거나 보상금액이 절반으로 줄 수 있기 때문에 암 진단확정일은 중요한 사항입니다.

암의 진단확정일은 조직검사 병리보고서가 주치의에게 보고된 날짜인 조직검사 결과지의 결과일(보고일)입니다. 조직검사결과지 상 검사일이 아닌 보고일을 확인하면 됩니다.

진단서상의 암진단일이나 진단서를 발급받은 날, 담당의로부터 암을 통보받은 날은 암 진단확정일이 아닙니다.

단, 혈액암이나 말기암, 악성뇌종양 등 조직검사를 하지 않거나 조직검사 자체를 시행할 수 없는 경우에는 진단 또는 치료를 받고 있음을 증명할 만한 문서화된 기록, 증거 또는 CT, MRI, 혈액검사 등 다른 검사결과를 토대로 주치의가 최종판단을 내린 날짜 등이 기준이 될 수 있습니다.

**Q 두번째 암 진단금 받을 수 있나요?**

**A 암 종류에 따라 추가 지급되는 경우도 있습니다.**

암 진단비 관련한 보험증권을 확인해보면 '보험 기간에 피보험자가 암 보장개시일 이후에 암으로 진단 확정시 지급합니다(최초 1회한)'라고 명시되어 있습니다.
따라서 일반암 진단시 최초 1회에 한해서 암 진단금이 지급되고, 해당 특약은 소멸됩니다.
하지만 암 종류에 따라 추가적으로 보험금 수령이 가능합니다.
예를 들어 고액암[식도의 악성신생물(C15), 췌장의 악성신생물(C25), 골 및 관절연골의 악성신생물(C40-C41), 뇌 및 중추신경계통의 기타부분의 악성신생물(C70-C72), 림프, 조혈 및 관련조직의 악성신생물(C81-C96), 만성 골수증식질환(D47.1), 만성 호산구성 백혈병(D47.5)]이 특약으로 분류되어 가입됐다면 추가로 암 진단비를 청구할 수 있습니다.
또한 유사암 진단을 받은 경우에도 추가로 암 진단비를 받을 수 있습니다.
유사암은 정확한 의학적 구분이라기보다는 보험에서 보장을 구분하기 위해 일반암과 별도로 분류한 암입니다. 대표적인 유사암에는 갑상선암, 기타피부암, 경계성종양, 제자리암이 있으며, 유사암의 경우 각각 1회에 한하여 추가로 보장 받을 수 있습니다.
이외 재진단암보장, 이차암보장 가입을 통해 암이 다시 발생해도 진단비를 지급받을 수 있습니다.
단, 첫 번째 암 진단확정일로부터 그날을 포함하여 1년 내지 2년(상품에 따라 다름)이 지난 다음 날부터 보장 가능하며, 가입 내용에 따라 추가 보험금 지급이 되지 않는 암이 있으니 암의 종류 및 면책기간을 미리 알아 두는 것이 좋습니다.

## Q 정밀검사 없는 암진단, 진단비 받을 수 있나요?

## A 상황에 따라 다릅니다.

암은 비정상적인 세포가 통제 없이 지속적으로 분열·성장하면서 주변 조직에 침투하여 정상 조직을 파괴하는 매우 무섭고 중한 질병입니다. 일반적으로 보험 약관에는 암에 대하여 "한국표준질병사인분류(KCD)에서 악성신생물로 분류하는 종양"이라고 정의하고 있습니다.

위와 같은 질병코드 외 암 진단확정에 대하여 아래과 같이 단서를 붙이고 있습니다.
『암(기타피부암 및 갑상선암 제외)의 '진단확정'은 병리 또는 진단검사의학의 전문의사 자격증을 가진 자에 의하여 내려져야 하고, 이 진단은 조직(fixed tissue)검사, 미세바늘흡인(fine needle aspiration biopsy)검사 또는 혈액(hemic system)검사에 대한 현미경 소견을 기초로 하여야 하며, 다만 그러한 진단이 가능하지 않을 때에는 피보험자가 암으로 진단 또는 치료를 받고 있음을 증명할 만한 문서화된 기록 또는 증거가 있어야 합니다.』

실제로 병리학적 진단을 받은 경우에는 문제가 되지 않습니다. 대부분의 일반적인 질병에서는 임상학적 진단이나 병리학적 진단이 큰 차이가 없습니다. 그러나 암에 있어서는 임상학적 진단과 병리학적 진단의 의견이 불일치하는 경우가 많아 보험금 지급에 있어서도 분쟁이 많이 발생하게 됩니다.
일부 전문가들은 임상학적 진단으로도 보험금을 받을 수 있다고 합니다. 그러나 이 말은 무조건 맞는 말이 아닙니다. 보험 약관을 해석해보면, 병리학적 진단을 1순위로 인정하고 병리학적 진단이 안될 경우에만 임상학적 진단을 인정합니다.

대법원 판례도 병리학적 진단이 가능하면 임상학적 진단을 인정하지 않는 판례가 있으며, 병리학적으로 악성에 해당하지 아니하더라도 임상학적으로 볼 때 악성이라면 이는 보험에서 담보하는 '암'에 해당한다는 판례도 있습니다.(대법원2002.7.12. 선고 2002다 19940 판결)

즉, 병리학적 진단이 가능하다면 조직검사결과지를 통해 암 진단금을 신청하고 병리학적 진단이 불가한 상태라면 임상학적 진단순으로 신청해야하며, 병리학적 진단이 가능한 상황임에도 일부러 임상학적 진단을 통해 불이익을 받는 경우를 줄여야 합니다.

### 약관정보

'암'('유사암' 제외) 및 '유사암'의 진단확정은 병리 또는 진단 검사의학의 전문의 자격증을 가진 자에 의하여 내려져야 하며, 이 진단은 조직(fixed tissue)검사, 미세바늘흡인검사(fine needle aspiration) 또는 혈액(hemic system)검사에 대한 현미경 소견을 기초로 하여야 합니다.

그러나 상기의 진단방법이 가능하지 않을 때에는 피보험자가 '암'('유사암' 제외) 및 '유사암'으로 진단 또는 치료를 받고 있음을 증명할 만한 문서화된 기록 또는 증거가 있어야 합니다.

진단확정은 병리학적 검사결과와 임상소견이 상이할 경우 병리학적검사 결과를 우선 적용하며, 병리검사 결과보고일을 진단 기준일로 합니다.

"당신의 보험금을 지켜주는 착한 레시피" 보험금 전쟁에 대비하라

## Q 대장 양성종양은 진단비랑 아무 관련이 없나요?

## A 암진단비 받을 수도 있습니다.

건강검진 대장내시경 도중 양성종양 절제를 하게 되면 진단서 상 대장 양성종양 (D12.6)에 해당합니다. 원칙적으로 질병코드상 양성종양에 해당하기 때문에 암진단비 지급대상에 해당하지 않습니다.

하지만 조직검사결과지 내용에 따라 제자리암(상피내암) 진단비를 받을 수도 있습니다. 대장폴립, 용종, 양성종양은 위험하지 않은 양성종양(혹)인데, 만약 조직검사를 한 병리학의사가 작성한 조직검사결과지에 선종(adenoma)이라고 되어 있다면 암의 전 단계에 해당됩니다.

세포 변화 정도에 따라 저등급 이형성증(low grade dysplasia), 고등급 이형성증(high grade dysplasia)로 분류되는데, 이 중 고등급 이형성증은 한국표준질병사인 분류 지침상 제자리암(상피내암)에 해당됩니다.

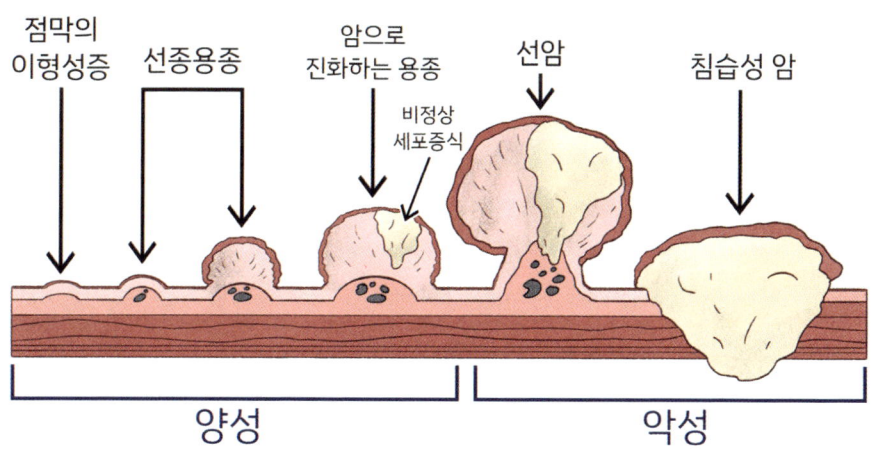

## Q 자궁경부이형성증인데 진단비 받을 수 있나요?

## A 암진단비 받을 수도 있습니다.

자궁경부암의 전단계에 해당하는 상태를 자궁경부 이형성증이라고 하며, 대부분의 여성들이 자궁경부암 검사를 통해 발견하게 됩니다. 자궁경부암 검사에서 이상소견 시 경우에 따라 자궁경부 조직검사를 진행합니다.

이형성증은 조직검사상 상피세포층의 침범정도에 따라 크게 3단계로 이루어집니다. 그 중 중증단계인 3단계의 경우 제자리암(상피내암) 진단비를 받을 수 있습니다. 조직검사결과지 상 CIN III, CIN3 라 표현됩니다.

| Non-Dysplastic Epithelium | LSIL | HSIL* | | | Micro-Invasion |
|---|---|---|---|---|---|
| | CIN 1 | CIN 2 | **CIN 3** | | |
| | Mild Dysplasia | Moderate Dysplasia | Severe Dysplasia | Carcinoma In Situ | |

* HSIL(High grade Squamous cell Intraepithelial Lesion) : 고등급 편평 상피 내 병변

"당신의 보험금을 지켜주는 착한 레시피" **보험금 전쟁에 대비하라**

## Q 뇌졸중 진단, CI보험금 받을 수 있나요?

## A 받을 수 없습니다.

뇌졸중은 뇌의 일부분에 혈액을 공급하고 있는 혈관이 막히거나 터짐으로써 그 부분의 뇌가 손상되어 나타나는 신경학적 증상을 말합니다. 보험회사에 가입하는 뇌졸중 특약은 한국표준질병사인분류상 I60~I66(I64제외)에 해당하는 경우 뇌졸중 진단비 지급이 가능합니다.

하지만 CI보험 뇌졸중의 경우 중대한 뇌졸중으로 일반적인 뇌졸중 진단비 상품과 많이 다릅니다.

"중대한 뇌졸중"이라 함은 뇌경색증, 뇌출혈, 지주막하 출혈이 발생하여 뇌혈액순환의 급격한 차단이 생겨서 그 결과 영구적인 신경학적 결손이 나타나는 질병을 말합니다. 뇌혈액순환의 급격한 차단은 의사가 작성한 진료기록부상의 전형적인 병력을 기초로 하여야 하며, 영구적인 신경학적 결손이란 주관적인 자각증상(symptom)이 아니라 신경학적검사를 기초로 한 객관적인 신경학적징후(sign)로 나타난 장애로서 장해분류표에서 정한 "신경계에 장해가 남아 일상생활 기본동작에 제한을 남긴 때"의 지급률이 25% 이상인 장해상태를 말합니다.

중대한 뇌졸중을 보장하는 CI보험의 경우 뇌경색증을 유발하지 않는 뇌전동맥의 폐쇄 및 협착(I65), 뇌경색증을 유발하지 않는 대뇌동맥의 폐쇄 및 협착(I66)은 보장 대상에 해당되지 않을 가능성이 높고, 보장되는 뇌졸중이 진단되었다 하더라도 치료 후 일상생활기본동작 제한이 25% 이상 영구적으로 남지 않는 경우에는 보험금 지급이 불가능합니다(장해 평가 또한 6개월 이상 경과 후 측정하며 신경계장해의 경우 2년까지도 경과를 지켜보기 때문에 보험금 지급이 지연될 수 있습니다).

의학기술의 발달로 뇌졸중 환자의 치료 후 예후는 점점 좋아지고 있는 추세로 뇌졸중에 진단되었다 하더라도 중대한 뇌졸중(CI) 보험금이 지급되지 않을 가능성이 매우

진단 편 **105**

높습니다.

"중대한 뇌졸중"의 진단확정은 뇌전산화단층촬영(Brain CT Scan), 자기공명영상(MRI), 뇌혈관조영술, 양전자방출단층술(PET), 단일광자 단층촬영(SPECT), 뇌척수액검사를 기초로 영구적인 신경학적 결손에 일치되게 "중대한 뇌졸중"에 특징적인 소견이 발병 당시 새롭게 출현함을 근거로 하여야 합니다.

<뇌졸중과 중대한 뇌졸중의 차이점>

| 뇌졸중 진단 정의 | 중대한 뇌졸중(CI) 진단 정의 |
| --- | --- |
| 1. 한국표준질병사인분류 상 I60~I66 (I64제외) 진단 | 1. 뇌혈액 순환의 급격한 차단<br>2. 영구적인 신경학적 결손(25%이상 장해상태) |

뇌졸중은 한국표준질병사인분류 중 "뇌졸중 분류표"에 특정하여 보장하는 것을 말하며, 중대한 뇌졸중은 "뇌졸중 분류표"를 사용하지 않고 약관 내용과 같이 "중대한 뇌졸중의 정의"에 의거 뇌혈액순환의 급격한 차단 및 영구적인 신경학적 결손(일정부분의 장해상태)이 동반된 경우를 말합니다. 따라서 "뇌졸중 분류표"에는 해당되지만 중대한 뇌졸중으로 인정이 되지 않는 "제외 뇌졸중"이 존재하는 것이 차이점입니다.

> **약관정보**
>
> [뇌졸중 분류표]
>
> 약관에서 규정하는 '뇌졸중'으로 분류되는 질병은 제8차 개정 한국표준질병사인분류(통계청 고시 제2020-175호, 2021.1.1 시행)중 다음에 적은 질병을 말하며, 이후 한국표준질병사인분류가 개정되는 경우에는 개정된 기준에 따라 해당 여부를 판단합니다.
>
> | 대상이 되는 질병 | 분류번호 |
> | --- | --- |
> | 1. 거미막하출혈 | I60 |
> | 2. 뇌내출혈 | I61 |
> | 3. 기타 비외상성 두개내 출혈 | I62 |
> | 4. 뇌경색증 | I63 |
> | 5. 뇌경색증을 유발하지 않은 뇌전동맥의 폐쇄 및 협착 | I65 |
> | 6. 뇌경색증을 유발하지 않은 대뇌동맥의 폐쇄 및 협착 | I66 |

### 약관정보

**[중대한 뇌졸중(Critical stroke)]**

① "중대한 뇌졸중"이라 함은 거미막하출혈, 뇌내출혈, 기타 비외상성 두개내 출혈, 뇌경색증이 발생하여 뇌혈액 순환의 급격한 차단이 생겨 그 결과 영구적인 신경학적 결손(언어 장애, 운동실조, 마비 등)이 나타나는 질병을 말합니다.

② 제1항의 '뇌혈액 순환의 급격한 차단'은 의사가 작성한 진료기록부상의 전형적인 병력을 기초로 하여야 하며, '영구적인 신경학적 결손'이란 주관적인 자각증상(symptom)이 아니라 신경학적인 검사를 기초로 한 객관적인 신경학적 증후(sign)로 나타난 장애로서 장해분류표에서 정한 "신경계에 장해가 남아 일상생활 기본동작에 제한을 남긴때"의 지급률이 25% 이상인 장해상태 [장해분류별 판정기준 13. 신경계·정신행동 장해 "가. 장해의 분류 1)" 및 "나. 장해 판정기준 1) 신경계 ①, ③"에 따라 판정함]를 말합니다.

③ "중대한 뇌졸중"의 진단확정은 전산화단층촬영(CT), 자기공명영상(MRI), 뇌혈관조영술, 양전자 방출단층촬영(PET), 단일광자방출전산화단층촬영(SPECT), 뇌척수액검사 등을 기초로 영구적인 신경학적 결손과 일치하는 "중대한 뇌졸중"에 특징적인 소견이 발병 당시 새롭게 출현함을 근거로 하여야 합니다.

④ 제1항 내지 제3항에 모두 근거하지 않은 경우에는 보장에서 제외합니다. 예를 들면 전산화단층 촬영(CT) 만으로 "뇌졸중" 진단을 내린다든지 영구적인 신경학적 결손만으로 "뇌졸중" 진단을 내리는 경우는 보장에서 제외합니다.

⑤ 일과성 허혈 발작(Transient Ischemic Attack), 가역적 허혈성 신경학적 결손(Reversible Ischemic Neurological Deficit)은 보장에서 제외합니다. 또한, 다음의 각 호에 해당하는 뇌출혈, 뇌경색은 보장에서 제외합니다.
  가. 외상에 의한 경우
  나. 뇌종양으로 인한 경우
  다. 뇌수술 합병증으로 인한 경우
  라. 신경학적 결손을 가져오는 안동맥(Ophthalmic artery)의 폐색으로 인한 경우

**Q 사고로 온 뇌출혈, 진단비 받을 수 있나요?**

**A 외상성으로 인한 뇌출혈은 지급 대상이 아닙니다.**

교통사고, 미끄러지거나 넘어지거나 혹은 물체가 추락하여 머리에 충격이 생긴 경우 외상성 뇌출혈이 발생할 수 있습니다. 일반적으로 생명보험과 손해보험 대부분에 뇌출혈 진단금 또는 뇌졸중 진단금이 포함되어 있어서 사고 원인에 상관없이 뇌출혈만 발생하면 진단금을 받을 수 있을 것이라 생각하고 보험금을 청구하지만 보험회사로부터 지급 거절 통보를 받게 됩니다.

뇌출혈의 정의 및 진단확정 약관을 살펴보면 "뇌출혈"이란 『한국표준사인분류 중 별표에서 정한 질병』이라고 명시되어 있고, 별표는 뇌출혈로 인정되는 경우가 코드로 표기되어 있습니다.

뇌출혈 코드라 함은 I60(거미막하출혈), I61(뇌내출혈), I62(기타 비외상성 두개내 출혈)로 정해진 코드를 말합니다. 즉 보험약관은 모든 뇌출혈에 대한 진단금을 주는 것이 아니라 약관에 명시한 규정의 코드에 해당하는 뇌출혈인 경우에만 진단금을 지급하는 것입니다.

외상성 뇌출혈의 경우 S코드로 진단받을 확률이 높고, S코드는 뇌출혈분류표에 포함되지 않으므로 진단금 지급 대상이 아니며 별도의 외상성뇌출혈 진단비 특약가입시 보상이 가능합니다.

## 약관정보

**[뇌출혈 분류표]**

약관에서 규정하는 '뇌출혈'로 분류되는 질병은 제8차 개정 한국표준질병사인분류(통계청 고시 제2020-175호, 2021.1.1 시행) 중 다음에 적은 질병을 말하며, 이후 한국표준질병사인분류가 개정되는 경우에는 개정된 기준에 따라 해당 여부를 판단합니다.

| 대상이 되는 질병 | 분류번호 |
|---|---|
| 1. 거미막하출혈 | I60 |
| 2. 뇌내출혈 | I61 |
| 3. 기타 비외상성 두개내 출혈 | I62 |

**[특정외상성뇌출혈 분류표]**

약관에서 규정하는 '특정외상성뇌출혈'로 분류되는 상병은 제8차 개정 한국표준질병사인분류(통계청 고시 제2020-175호, 2021.1.1 시행) 중 다음에 적은 상병을 말하며, 이후 한국표준질병사인분류가 개정되는 경우에는 개정된 기준에 따라 해당여부를 판단합니다.

| 대상이 되는 질병 | 분류번호 |
|---|---|
| 1. 경막외출혈 | S06.4 |
| 2. 외상성 경막하출혈 | S06.5 |
| 3. 외상성 거미막하출혈 | S06.6 |

| Q | 사망원인이 급성심근경색 의심이라면, 진단비 받을 수 있나요? |
|---|---|
| A | 사인이 급성심근경색임을 증명하고 보험금을 받을 수 있습니다. |

급성심근경색이란 관상동맥이 갑작스럽게 완전히 막혀서 혈액이 통하지 않아 발생하는 질환입니다. 심장에 혈액이 공급되지 않아 심장 근육이 손상되면 심한 가슴통증, 호흡곤란 등의 증상이 생기게 되는데 급성심근경색증은 돌연사의 흔한 원인으로 초기 사망률이 약 30%에 달하며, 병원에 도착하여 적극적인 치료를 해도 병원 내 사망률이 5~10%에 이를 정도로 위험한 질환입니다.

일반적으로 급성심근경색으로 인한 보험금을 받기 위해서는 급성심근경색으로 진단 확정되어야 합니다. 보험약관에서도 병력·증상과 함께 심전도, 심장초음파, 관상동맥(심장동맥) 촬영술, 혈액 중 심장효소검사 등 객관적인 이상 소견을 보이는 경우 진단한다고 명시하고 있습니다. 다만 환자가 사망하여 상기 검사방법을 진단의 기초로 할 수 없는 경우, 급성심근경색증으로 진단 또는 치료를 받고 있었음을 증명할 수 있는 문서화 된 기록 또는 증거가 있거나, 부검감정서상 사인이 급성심근경색증으로 확정되거나 추정되는 경우에 보험금을 지급한다고 명시하고 있습니다.

의사의 진단이나 치료를 받을 겨를 없이 사망하는 경우가 많으므로 보험약관에서 정하는 급성심근경색 진단 기준을 충족하기 쉽지 않으며, 이로 인해 보험금 지급을 거절 당하는 경우가 많습니다. 이러한 경우 유족은 환자의 사망 원인이 급성심근경색 외 다른 원인이 없다는 점을 주장하고 이를 증명하여 보험금을 청구할 수 있습니다.

**약관정보**

[급성심근경색증의 정의 및 진단확정]

① 이 특약에서 '급성심근경색증'이라 함은 제8차 한국표준질병사인분류에 있어서 [별표 25] '급성심근경색증 분류표'에 해당하는 질병을 말합니다.

② '급성심근경색증'의 진단확정은 의료법 제3조(의료기관)에서 규정한 국내의 병원, 의원 또는 국외의 의료관련법에서 정한 의료기관의 의사(치과의사 제외) 면허를 가진 자에 의하여 내려져야 하며, 이 진단은 병력·증상과 함께 심전도, 심장초음파, 관상동맥(심장동맥) 촬영술, 혈액중 심장효소검사 등 검사결과 상기 질환으로 진단할 수 있는 객관적인 이상 소견을 보이는 경우 진단합니다.

그러나 피보험자가 사망하여 상기 검사방법을 진단의 기초로 할 수 없는 경우에 한하여 다음 각 호의 어느 하나에 해당하는 경우에는 진단확정이 있는 것으로 볼 수 있습니다.

1. 보험기간 중 급성심근경색증으로 진단 또는 치료를 받고 있었음을 증명할 수 있는 문서화된 기록 또는 증거가 있는 경우
2. 부검감정서상 사인이 급성심근경색증으로 확정되거나 추정되는 경우

| 대상이 되는 질병 | 분류번호 |
|---|---|
| 1. 급성심근경색증 | I21 |
| 2. 후속심근경색증 | I22 |
| 3. 급성심근경색증 후 특정 현존 합병증 | I23 |

**협심증도 진단비를 받을 수 있나요?**

 **허혈성심장질환 진단비 특약에 가입되어 있다면 보험금을 받을 수 있습니다.**

우리 몸의 각 장기는 심장의 펌프질에 의해 적절한 혈액을 공급받아 영양분과 산소를 얻게 됩니다. 이렇게 혈액을 펌프질해주는 심장 역시 제 기능을 하기 위해서는 혈액을 공급받아야 하는데, 심장에 혈액을 공급해주는 혈관을 관상동맥(coronary artery)이라고 합니다. 따라서 관상동맥은 심장 자체에 영양분과 산소를 공급하여 심장을 먹여 살리는 혈관이라고 할 수 있습니다. 이러한 관상동맥이 좁아지거나 막히게 되어 생기는 질환을 '허혈성심장질환'이라고 하며 임상적으로는 협심증, 심근경색증 또는 급사로 나타납니다. 즉, 급성심근경색증은 허혈성심장질환의 하나의 형태인 것입니다.

보험 약관상 허혈성심장질환 분류표를 살펴보면 협심증이 포함되어 있음을 알 수 있습니다. 따라서 허혈성심장질환 진단비 특약에 가입이 되어 있다면 협심증 진단금을 받을 수 있습니다.

### 약관정보

**[허혈성심장질환 분류표]**

| 대상이 되는 질병 | 분류번호 |
|---|---|
| 1. 협심증 | I20 |
| 2. 급성심근경색증 | I21 |
| 3. 후속심근경색증 | I22 |
| 4. 급성심근경색증 후 특정 현존 합병증 | I23 |
| 5. 기타 급성 허혈심장질환 | I24 |
| 6. 만성 허혈심장병 | I25 |

허혈성심장질환은 암, 뇌혈관 질환과 더불어 한국인의 3대 질병입니다. 2018년 건강보험심사평가원 질병 통계 기준에 따르면 허혈성심장질환을 100이라고 가정했을 때 협심증과 기타 심장질환이 88.6%, 급성심근경색증이 11.4% 정도의 비중을 차지한다고 합니다. 따라서 심장질환 관련한 보험을 가입한다면 허혈성심장질환 진단비 또는 심혈관질환 진단비에 가입하는 것이 유리합니다.

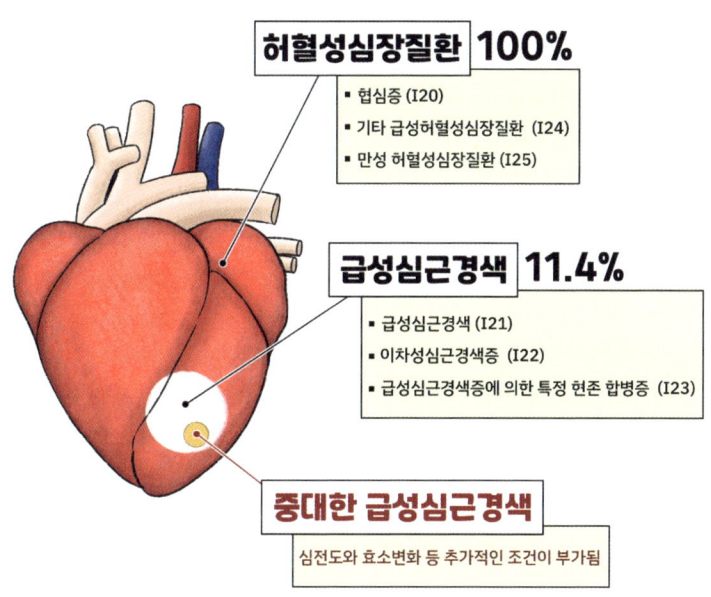

출처 : 건강보험심사평가원

| Q | 화상진단비는 화상이 생기면 받을 수 있나요? |
|---|---|
| A | 심재성 2도이상 화상의 경우에만 화상진단비를 받을 수 있습니다. |

화상은 피부 조직의 손상 깊이에 따라 1도에서 4도 화상까지 분류되고 2도 화상의 경우 표재성과 심재성 화상으로 세분화됩니다. 심재성과 표재성의 기준은 피부의 어느 층까지 손상을 입었는지 화상의 깊이에 따라 나누어지는데 표재성보다 심재성화상의 손상이 더 큽니다.

화상진단비 특약은 심재성 2도 이상의 화상에 대해서만 보험금 수령이 가능합니다. 2도 화상의 경우 표재성과 심재성의 상해분류코드가 따로 구분되어 있지 않기 때문에 화상 진단비를 보상받기 위해서는 병원 서류에 '심재성 2도'라는 의사의 문구가 필요합니다.

심재성 2도 화상의 경우 화상부위가 호전되지 않는 경우 가피절제술을 합니다. 가피절제술은 화상부위에 있는 죽은 조직을 제거(절제, 절개)하여 치료가 필요한 부위가 호전될 수 있도록 도와주는 수술로 절제, 절개라는 수술행위에 해당하기 때문에 화상수술비와 상해수술비 보상이 가능합니다.

## Q 반깁스도 깁스치료비를 받을 수 있나요?

## A 받을 수 없습니다.

약관에서 말하는 깁스(Cast)치료는 석고붕대, 섬유유리붕대를 뼈, 관절부위의 둘레 모두에 착용시켜 감은 다음 굳어지게 하여 치료효과를 가져오는 치료법입니다. 환자의 근골격계 손상 부위의 움직임을 방지하기 위해 손상부위의 일측면 또는 양측면을 부목(Splint)으로 고정하면서 지지하는 치료인 부목 치료는 깁스 치료에서 제외합니다.

쉽게 말하면 통깁스의 경우에만 깁스치료비를 받을 수 있습니다. (건강보험 행위 급여·비급여 목록 T60의 진료행위)

우리가 흔히 발목이 삐거나 접질렸을 때 하는 반깁스 치료는 부목치료에 해당하여 깁스치료비를 받을 수 없습니다. 부목치료(건강보험 행위 급여·비급여 목록 T6151~T6155의 진료행위) 의 경우 〈골절 부목치료보장 특약〉에 가입되어 있다면 보험금을 받을 수 있습니다.

# [ 보험상식 ]
## - 진단편 -

## 1. 암

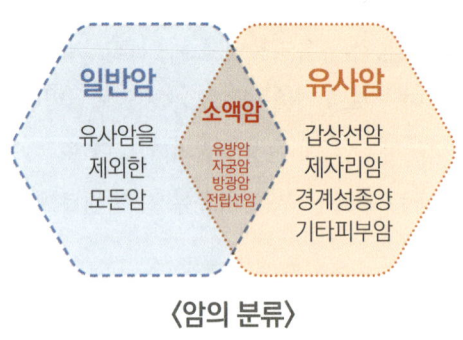

〈암의 분류〉

우리나라 사망원인 1위는 암입니다. 국민 평균수명을 80세라고 보면 평생 한 번쯤 암에 걸릴 확률은 30% 정도로 봅니다. 암의 종류도 많고 그에 따른 보험상품과 보장도 천차만별입니다. 암보험에 가입하기 전이라면 고민이 생길 수밖에 없습니다.

암은 간암, 폐암, 대장암 등 발병 부위에 따라 분류됩니다. 보험회사들은 암의 범위를 단순화해 고액암, 일반암, 소액암, 유사암으로 나눕니다. 일반적으로 발병률은 낮지만 고액의 치료비가 필요한 암을 고액암이라고 합니다. 일반적으로 5대 고액암은 뇌암과 백혈병, 골수암, 췌장암, 식도암을 말합니다. 반대로 발생 빈도가 높고 상대적으로 완치 확률이 높은 암을 유사암으로 분류하였는데 갑상선암, 제자리암, 경계성종양, 기타피부암이 이에 해당합니다. 소액암은 생명보험, 유사암은 손해보험에서 주로 사용하는 용어로 소액암과 유사암의 정확한 정의와 범위는 상품별로 차이가 있을 수 있기 때문에 약관 확인이 필요합니다.

암보험은 보장범위가 중요합니다. 유방암, 자궁암, 비침습방광암, 대장점막내암, 남녀생식기암 등 소액암으로 분류된 보험은 상대적으로 보장범위가 좁기 때문에 일반암과 유사암으로 구분된 암보험 선택을 추천합니다.

## 2. 뇌

- 164. 출혈 또는 경색증으로 명시되지 않은 뇌졸중
- 167. 기타 뇌혈관 질환
- 168. 달리 분류된 질환에서의 뇌혈관 장애
- 169. 뇌혈관 질환의 후유증

**뇌혈관 질환 진단비**

- 163. 뇌경색
- 165. 뇌경색증 유발하지 않는 뇌전동맥 폐쇄 및 협착
- 166. 뇌경색증 유발하지 않는 대뇌동맥 폐쇄 및 협착

**뇌졸중 진단비**

- 160. 지주막하 출혈
- 161. 뇌내출혈
- 162. 기타 비외상성 두개내 출혈

**뇌출혈 진단비**

뇌질환이란 뇌혈관질환(뇌졸중), 뇌종양(뇌암), 뇌전증, 파킨슨병, 치매 등 뇌와 관련된 여러 질환을 일컫는 말로 뇌질환의 종류는 수백 가지에 이릅니다. 특히 뇌졸중은 매년 10만명의 환자가 발생하는 대표적인 뇌질환이지만 뚜렷한 초기 증상 없이 갑자기 쓰러지는 증상이 특징입니다.

보험은 크게 뇌출혈, 뇌졸중, 뇌혈관질환으로 나누고 있는데 대부분 보험가입자는 '뇌'가 들어간 보험을 가입했기 때문에 뇌에 해당하는 모든 보장을 받을 수 있을거라 착각하게 되는 경우가 많습니다.

뇌 질환 중 보장범위가 가장 넓은 특약은 뇌혈관 질환으로 뇌혈관질환 중 100% 보장 가능하며, 뇌경색이 포함된 뇌졸중 특약의 경우 약 64.2% 보장받을 수 있으며, 발생하면 가장 치명적인 뇌출혈의 경우 뇌질환 중 약 9.4% 발병률을 보이고 있습니다. 즉 뇌혈관질환 특약을 가입하는 경우 뇌혈관, 뇌졸중, 뇌출혈을 모두 보장 받을 수 있지만 뇌졸중 특약을 가입하는 경우 뇌졸중, 뇌출혈을 보장받을 수 있고 뇌출혈 특약을 가입하는 경우 발생확률이 낮은 뇌출혈만 보장받을 수 있기 때문에 보장범위가 넓은 뇌혈관질환 보장을 추천합니다.

## 3. 심장

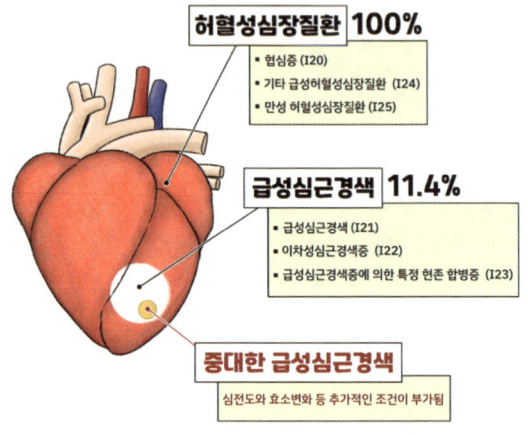

우리 몸의 엔진역할을 하는 심장은 평균적으로 하루 10만회, 평생 43억회를 쉬지 않고 뜁니다. 심장은 잠시라도 멈춘다면 생명이 위험해지는 장기이므로 조금만 이상이 감지돼도 즉시 치료가 필요한 것이 심장관련 질환입니다.

2021년 사망원인에 대한 통계청 자료에 따르면 심장질환은 우리나라 사망원인 2위이며 한 해에 3만 1천명, 하루 85명이 사망하는 질환으로 심장질환 환자수는 꾸준하게 늘고 있으며, 그에 따른 대비가 필요한 상황입니다.

보험회사에서 보장하는 심장관련 질환은 크게 세가지로 나눌 수 있습니다.

**첫째, 심근경색증입니다.**

심근경색증은 동맥경화증에 의해 좁아진 심장동맥이 혈전이나 심장의 급격한 수축으로 인해 급성으로 막히게 되면서 심장근육조직이 죽는 질환입니다. 심장질환 중 급성심근경색증(I21, I22, I23)발병 확률은 약 11.4%이며, 심근경색증은 혈관이 막혀 있기 때문에 뚫거나 다른 혈관으로 대체해야만 치료가 가능합니다.

**둘째, 협심증입니다.**

협심증은 동맥경화로 인해 관상동맥이 좁아져 필요한 혈액공급이 되지 않을 때 발생하는 질환으로 흉부의 통증이나 압박감이 나타나는 질환입니다. 심장질환 중 협심증(I20) 발생확률은 약 68.3%이며, 협심증은 치료제를 투여하면 대체로 치료가 가능합니다.

**셋째, 허혈성 심장질환입니다.**

허혈성 심장질환은 관상동맥이 좁아지거나 막히게 되어 충분한 혈이 공급되지 않을 때 나타나는 질환을 말합니다. 보험회사에서 판매하는 심장질환 중 보장범위가 넓은 보장은 허혈성심장질환으로 허혈성심장질환, 협심증, 급성심근경색증 모두 보장 받을 수 있습니다.

최근에는 보험회사마다 다양한 심장질환 관련 보험을 판매하고 있습니다. 발생 빈도가 높은 심부전, 부정맥, 주요심장염증 진단비와 중증질환 산정특례대상특약 등 폭 넓고 다양한 보장을 준비할 수 있기 때문에 건강상태, 가족력, 보험료 등을 고려하여 합리적인 선택을 추천합니다.

## 후유장해 편

**Q** 장해판정은 언제 받아야 하나요?

**A** 상황에 따라 다릅니다.

장해지급률은 질병 또는 상해로 치료가 이루어진 후 고정된 신체상태에 따라 평가가 이루어지는데, 절단과 같이 사고 발생과 동시에 즉시 진단이 확정되는 경우에는 그날 바로 장해지급률 평가가 가능합니다.

치료가 장기간 지속되어 진단확정일로부터 180일 이내에 확정되지 않는 경우라면 질병의 진단확정일 또는 사고발생일로부터 180일이 되는 날에 의사진단을 기초로 고정될 것으로 인정되는 상태를 기준으로 장해 진단을 합니다.

각 신체 부위별 장해분류표에서 정한 장해진단시기에 대한 특별한 기준이 있는 때에는 그 기준에 따릅니다. 예를 들어 신경계 장해 영역에서 뇌졸중/뇌손상/척수 및 신경계질환 등은 발병 또는 외상 후 12개월 동안(2018년 4월 이전계약-6개월) 지속해서 치료한 후에 장해를 평가하고 안구(눈동자) 운동장해의 판정은 질병의 진단 또는 외상 후 1년이 지난 뒤에 장해를 평가합니다.

 암수술을 받았는데 장해라구요?

 상황에 따라 장해판정이 가능합니다.

암 진단을 받고 수술을 하게 되면 질병후유장해를 평가받을 수 있습니다.

### 예시 >>> 암으로 장해의 대상이 되는 경우

- 폐암, 간암, 신장암 등으로 간장, 폐, 신장 장기이식을 한 경우 **75%**
- 난소암으로 양측 난소절제술을 시행한 경우 **50%**
- 위 전체를 절제한 경우 **50%**
- 대장 전체를 절제한 경우 **50%**
- 전립선암, 고환암으로 양쪽 고환을 절제한 경우 **50%**
- 위 50% 이상을 절제한 경우 **30%**
- 한쪽 폐를 절제한 경우 **30%**
- 항문암으로 인공항문 수술을 한 경우 **30%**
- 소장을 3/4이상 잘라낸 경우 **30%**
- 췌장 전체, 직장 전체를 잘라낸 경우 **50%**
- 간장의 3/4 이상을 잘라낸 경우 **50%**
- 폐 부분절제 후 폐기능이 40% 이하로 떨어지고 지속적인 산소치료가 필요한 경우 **15%**
- 전립선암으로 영구적인 인공요도 괄약근을 설치한 경우 **15%**
- 위암, 간암, 대장암, 췌장암 등으로 장기를 절제 한 경우
- 뇌종양 후유증 및 뇌신경 손상으로 인한 보행 불가 등 일상생활 기본동작이 어려운 경우

 **Q** 보험기간이 끝난 후 장해판정을 받았는데 후유장해보험금 받을 수 있나요?

**A** 받을 수 있습니다.

보험기간 중에 발생한 사고로 인해 장해진단을 받았다면 보험기간이 종료되었어도 후유장해보험금을 받을 수 있습니다.
또한 후유장해는 사고발생일이 아닌 진단일이 기준이 되므로 사고 발생 후 3년이 지났어도 소멸시효와 상관없이 후유장해 청구가 가능합니다.

 **대법원 2014.7.24 선고 2013다43956 판결 참조**

약관은 보험기간 중에 보험금 지급사유가 발생한 것으로 정하고 있을 뿐 보험기간 내에 장해의 진단까지 이루어질 것을 요구하고 있지 않으므로 보험기간 중 사고를 원인으로 장해상태가 되었다면 보험회사는 보험금을 지급할 의무가 발생하고, 장해의 진단 확정은 보험계약이 종료된 후에 이루어져도 무방합니다.

**뇌를 다친 후유증, 뇌졸중 후유증도 후유장해인가요?**

 **장해로 평가됩니다.**

교통사고로 뇌를 다치거나 뇌졸중 후유증으로 거동이 불편한 경우 신경계 장해로 평가가 가능합니다. 뇌 손상으로 일상생활 기본동작(ADLs) 제한 장해평가표의 5가지 기본 동작 중 하나 이상의 동작이 제한된다면 신경계 장해에 해당됩니다.

### 예시 >>>

목발, 보행기 등을 사용하지 않으면 독립적인 보행이 불가능한 상태 20%
휠체어 또는 타인의 도움 없이 방 밖으로 나올 수 없는 상태 30%
보조기구를 사용함에도 타인의 도움 없이 방밖으로 나올 수 없는 상태 40%

신경계장해로 발생하는 다른 신체부위의 장해(눈,귀,코,팔,다리 등)는 해당 장해로도 평가하며 그 중 높은 지급률을 적용합니다. 외상 후 12개월 동안 계속하여 치료한 후에 장해를 평가하며 재활의학과, 신경외과 또는 신경과 전문의에 의해 이루어집니다.

**Q 무릎 인공관절 수술도 후유장해에 해당이 되나요?**

**A 후유장해에 해당이 됩니다.**

무릎 인공관절 수술은 다리의 3대관절 중 관절 하나의 기능에 심한 장해를 남긴 때에 해당하는 후유장해입니다. 퇴행성 관절염으로 인공관절 수술을 받거나, 사고로 인해 인공관절 수술을 받을 경우 모두 해당이 됩니다.

후유장해 지급률은 가입시기에 따라 다릅니다.

2018년 4월 이전 가입자들은 한다리의 인공관절 삽입시 30% 장해율이 인정되며, 2018년 4월 이후 가입자들은 한다리의 인공관절 삽입시 20% 장해율이 인정됩니다.

예를 들어 질병후유장해 특약 3천만 원 가입자(2018년 4월 이후 가입)는 한다리의 인공관절 삽입술을 한다면 600만 원(3천만 원×20%) 보상이 가능합니다.

양쪽 다리는 각각의 부위이기 때문에 양쪽 무릎 수술시 각각 보상이 가능합니다.

인공관절 수술 후유장해 보험금 청구는 후유장해진단서를 발급받을 필요 없이 수술확인 서류만으로도 청구가 가능합니다.

**여러 개의 장해가 생기면 보험금이 어떻게 되나요?**

 **동일 사고로 발생한 장해라면 합산하여 지급합니다.**

같은 상해 또는 질병으로 두가지 이상의 후유장해가 생긴 경우에는 각각에 해당하는 장해지급률을 더하여 최종 장해지급율로 지급합니다. 단 장해분류표 각 신체부위별 판정기준에서 별도로 정한 경우에는 그 기준에 따릅니다. 하나의 사고, 동일한 질병으로 인한 장해지급률은 100%를 한도로 합니다.

예를 들어, 빙판길에 미끄러져 척추와 발뒤꿈치(중골)가 골절되었다면, 척추 약간의 장해(15%)와 다리 관절 하나 기능에 뚜렷한 장해(10%)를 합산하여 25% 장해율이 인정됩니다.

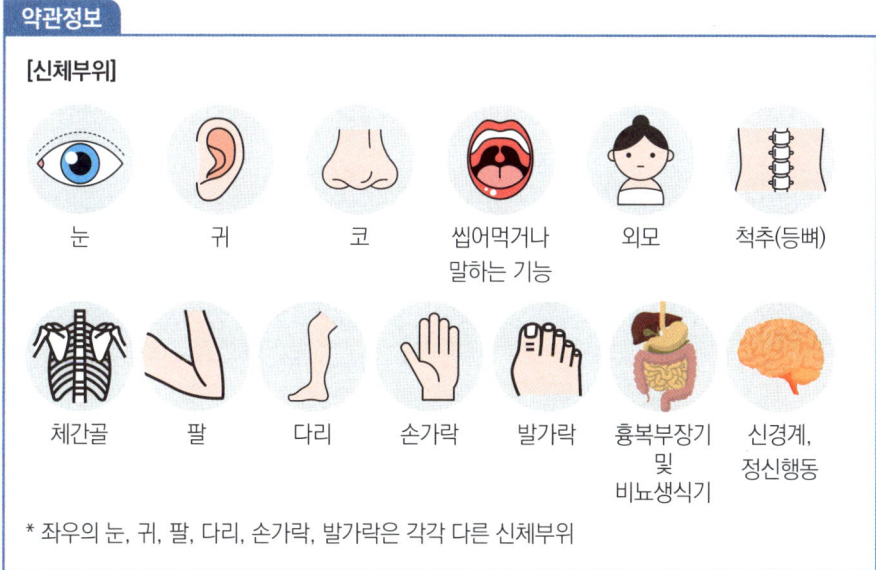

**Q** 장해상태가 더 안좋아지면 보험금을 또 받을 수 있나요?

**A** 받을 수 있습니다.

장해보험금을 수령하고, 이후 장해상태가 더 심해졌다면 심해진 장해상태를 기준으로 다시 장해지급률을 평가할 수 있습니다. 이 때 악화된 장해상태에 따라 추가로 장해보험금을 더 받을 수 있습니다.

만약 보험기간 중에 장해지급률이 확정됐는데, 그 후 보험만기 등 계약의 효력이 없어진 이후에 장해상태가 더 악화되었다면 사고발생일 또는 질병 진단확정일로부터 2년이내(보험기간 10년이상인 계약의 경우, 10년 미만의 계약이라면 1년)에 더 심해진 장해상태에 대해 추가로 장해지급률에 대한 보험금이 지급됩니다.

# [ 보험상식 ]
## - 후유장해편 -

장해 진단은 보험 가입연도에 따라 후유 장해 평가 방식이 상이하여 해당 약관에 맞게 진단을 받아야만 정당한 보장을 받을 수 있습니다.

현재는 생명보험과 손해보험의 후유장해 약관이 통합되어 통합 약관을 사용하고 있으며, 가입금액에 대한 지급률로 장해 보험금을 지급하고 있습니다. 하지만 이전에는 생명보험과 손해보험에서 각기 다른 후유장해 분류표를 사용해 왔으며, 특히 생명보험은 1급부터 6급까지 나눈 장해등급분류표에 따른 가입금액을 지급하였습니다.

보험회사 후유장해 약관은 2회에 걸쳐 큰 변화가 있었습니다.

### 생명/손해보험 후유장해 약관 변천사
**2005년 4월 후유장해 약관 표준화 ▶ 2018년 4월 장해보험금 지급기준 전면 정비**

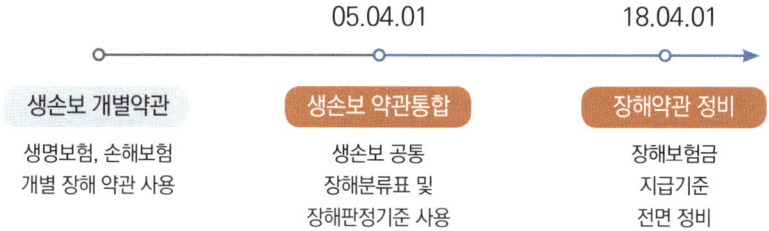

2005년 4월 이전까지 생명보험과 손해보험은 개별 후유장해 약관을 사용하다가 2005년 4월 이후 생손보 공통 장해분류표 및 장해판정기준을 사용하였습니다.

이후 큰 변화없이 사용되다가 2018년 4월에 후유장해 약관을 전면 정비하여 변경하였습니다. 이는 13년만에 새롭게 개정한 것으로 귀의 평형기능 장해나 폐질환 등으로 인한 호흡곤란과 같이 그동안 보장받지 못했던 장해를 추가하였습니다. 또한 후유장해 평가시 의사나 환자의 주관적 요소 개입을 최소화하기 위해 의학적으로 객관적인 기준을 제시하고 그동안 분쟁이 많았던 유형에 대한 명확한 기준을 제시함으로써 분쟁을 예방하고자 했습니다. 변경된 내용의 일부를 살펴보면 심장이식수술 장해율 변경(75%→100%), 추간판탈출증으로 인한 신경장해의 판정기준시 시술/수술 후 6개월 경과 후 평가, 무릎의 인공관절삽입시 장해율 변경(30%→20%), 추간판탈출증 장해율 판정시 객관적 기준인 도수근력검사 추가 등 입니다.

또한 신경계, 정신행동 장해의 경우 장해 지급률이 좀 더 세분화 되었으며, 장해판정 기간도 변화되었습니다. 신경계 장해의 경우 기존에는 '뇌졸중, 뇌손상, 척수 및 신경계의 질환 등은 발병 또는 외상 후 6개월 동안 지속적으로 치료한 후에 장해를 평가 합니다'라고 규정되어 있지만 2018년 4월 이후에는 12개월로 변경되었습니다. 단 장해의 호전, 사망 예상시 기존에 6개월 장해 평가를 유보하는 기준은 개정 약관도 동일하게 적용됩니다.

많은 내용이 변경되었기 때문에 정확한 장해지급률과 장해판정기준을 알아야 정당한 보상을 받을 수 있습니다.

### 장해분류표 주요 개정내용

| 구 분 | 현 행 | 개 정 |
|---|---|---|
| 1. 보험보장 사각지대 해소를 위한 신규 장해기준 도입 | | |
| ① 평형기능 장해 신설 | 청각 기능만을 기준으로 귀의 장해를 판정 | 평형기능 장해를 신설 |
| ② 폐기능 저하로 인한 장해 신설 | 폐를 이식한 경우에만 장해 인정 | 폐기능 검사상 FEV1 정상예측치가 40% 이하로 저하된 경우에도 장해 인정 |
| 2. 소비자 권익 제고를 위한 장해판정기준 정비 | | |
| ① 파생장해 평가 방법 명확화 | 하나의 장해로 둘 이상의 파생장해가 발생할 경우 장해평가 방법이 불분명 | 하나의 장해로 둘 이상의 파생장해가 발생하는 경우 각 파생장해의 지급률을 합산하여 최초 장해의 지급률과 비교하여 높은 지급률을 적용토록 명확화<br>(☞ 대법원 판례 반영) |

| 구 분 | 현 행 | 개 정 |
|---|---|---|
| ② 식물인간상태 보장 명확화 | 식물인간상태가 된 경우 장해평가 기준이 불분명 | 식물인간상태의 경우에는 각 신체 부위별 판정기준에 장해를 평가토록 명확화 |
| ③ 각막이식술시 시력장해 평가 기준 신설 | 각막이식술시 장해판정 기준이 없음 | 각막이식술을 받은 환자의 경우 각막이식술 이전의 시력상태를 기준으로 평가 |
| ④ 다발성 반흔 평가방법 개선 | 다발성 반흔 발생시 가장 큰 반흔을 기준으로 장해를 평가 | 각 부위(얼굴, 머리, 목) 내의 다발성 반흔은 길이 또는 면적을 합산하여 장해 평가(5mm 미만은 제외) |
| ⑤ 여러 부위에 걸쳐있는 추상 평가방법 개선 | 각 부위별로 추상(추한 모습)장해를 평가하여 가장 큰 장해를 인정 | 추상(추한 모습)이 얼굴과 머리(또는 목) 부위에 걸쳐 있는 경우 머리(또는 목)에 있는 흉터의 길이 또는 면적의 1/2을 얼굴의 추상(추한 모습)으로 보고 합산하여 장해를 평가 |
| ⑥ 일부 척추의 운동장해 지급률 상향 | 부위와 상관없이 2개의 척추체를 유합 또는 고정한 상태를 약간의 운동장해로 평가 | 머리뼈와 상위경추간 유합 또는 고정한 상태는 심한 운동장해(또는 뚜렷한 운동장해)로 평가 (☞ 지급률 상향) |
| ⑦ 다리의 단축장해 평가방법 개선 | 한 다리가 짧아진 경우를 장해로 인정 | 과신장 등을 감안하여 두 다리의 길이 차이를 기준으로 장해를 평가 |
| ⑧ 심장 기능을 잃은 경우 지급률 상향 | 다른 장기와 동일하게 75% 인정 | 심장 기능의 장해는 그 개호의 필요성, 심각성, 위험성 등을 고려하여 100% 상향 |
| ⑨ 소장 길이를 잘라낸 경우 장해평가기준 개선 | 소장을 3/4 이상 잘라내었을 때 장해를 인정 | 잘라낸 소장의 길이가 3m 이상일 때 장해를 인정(현행 기준과 병행 적용) |
| ⑩ 정신행동장해 판정기간 단축 | 상해를 입은 후 24개월이 경과한 후 정신행동 장해를 판정 | 뇌의 질병 또는 상해를 입은 후 18개월이 경과한 후에 정신행동 장해를 판정 |
| ⑪ 신체부위 관련 삽화 삽입 | 일반인이 익숙하지 않은 신체부위에 대한 설명이 없음 | 체간골, 손가락, 발가락 등 각 부위의 삽화를 추가 |

3. 의학적 객관성 확보를 위한 장해검사방법 개선

| | | |
|---|---|---|
| ① 씹어먹는 기능장해 평가기준 개선 | 씹어먹는 기능 장해를 삼킬 수 있는 음식의 종류로 평가 | 병원에서 실제로 장해 판정시 사용하는 개구운동, 윗니와 아랫니의 맞물림 등과 관련한 기준을 신설 |

| 구 분 | 현 행 | 개 정 |
| --- | --- | --- |
| ② 말하는 기능 장해 평가기준 개선 | 말하는 기능 장해를 4종 어음* 중 몇 가지 어음을 발음하지 못하는지로 평가<br>* 입술소리, 잇몸소리, 입천장소리, 목구멍소리 | 보건복지부 장애등급 평가 등에 사용되는 객관적 검사방법(언어평가검사, 자음정확도 검사)을 도입 |
| ③ 정신행동 장해 판정기준 보완 | 정신행동 장해를 '타인의 감시가 필요한 때' 등으로 규정 | 보건복지부 장애평가 등에서 활용되고 있는 정신장애 진단 GAF(Global Assessment Function)점수 평가방법 도입 |

※ 시행일 : 2018. 4. 1. 이후 체결되는 계약

수술 편

**Q 티눈을 제거했는데 수술보험금 받을 수 있나요?**

**A 받을 수 있습니다.**

티눈 제거는 실손의료보험금 및 질병수술비가 지급됩니다. 근육층까지 제거했다는 내용이 확인이 된다면 1종 수술비가 지급됩니다. 티눈이란 굳은살이 지속적으로 한 부분에 박히는 걸 말하는데 굳은살과 가장 큰 차이점은 중심핵이 있는지 없는지 입니다. 과거 티눈 치료는 절단, 절제행위에 의한 치료로 수술보험금 지급에 문제가 없었습니다.

그러나 의료기술의 발달로 최근 많이 사용되고 있는 치료방법인 냉동응고술(특정 부위를 얼렸다 녹임으로써 티눈을 괴사시켜 제거)은 신의료수술 치료방법으로서 절단, 절제행위가 없어 수술로 볼 수 없다는 분쟁이 많습니다. 현재는 법원 판결 및 금융감독원 조정사항으로 냉동응고술은 수술로 인정되어 보험금을 받을 수 있습니다. (서울중앙지방법원 2019.7.10 2017가단 5182579)

티눈의 질병코드는 L84, 수술 방법에 따라 티눈제거술의 수술 처치 코드는 N0143 티눈제거술(전기소작, 냉동응고술 또는 약물밀봉대)과 N0144 티눈제거술(티눈절제, 근층심부 포함)로 나누어집니다.

N0143 코드 중 냉동응고술에 대해서만 질병수술비가 지급되며, N0144 코드로 수술을 했다면 질병수술비와 1종 수술비가 지급됩니다. 냉동응고술이 법원에서 수술로 인정됨에 따라 수술보험금 지급에 문제가 없지만, 일부 보험회사는 수술특약 약관에서 보상하지 않음을 명시함으로써 수술보험금 지급이 불가합니다.

## Q 치조골이식술, 수술보험금 받을 수 있나요?
## A 가입시기에 따라 달라집니다.

골 이식술은 뼈가 잘 붙지 않았을 때 뼈를 잘 붙게 할 목적으로 자신의 뼈나 인공뼈를 이식하는 수술입니다. 골 이식술은 생명보험회사와 손해보험회사에서 판매되는 종 수술비 특약 〈근골의 수술〉 영역에 포함되는 수술입니다. 그 중에서도 치조골 이식술은 부족한 잇몸뼈를 채워주는 수술입니다. 2008년 3월 이전(상품별 상이)에 판매됐던 생명보험회사 및 우체국 등의 종 수술비(1-3종) 특약에서 2종 수술 보험금을 받을 수 있습니다.

이후 1-5종 수술비 특약 가입자는 약관의 변화로 치조골 이식술에 대해 더 이상 수술보험금을 받을 수 없습니다. 치, 치은, 치근, 치조골의 처치, 임플란트 등 치과 처치 및 수술에 수반하는 것은 보장하지 않는다는 문구가 약관에 명시되어 있기 때문입니다. 임플란트 식립시 치조골 이식을 동반하는 경우가 있고 그렇지 않은 경우가 있으니 치료 내용에 따라 수술보험금 해당 여부를 확인하시기 바랍니다.

| Q | 피부가 찢어져 꿰맸다면, 수술보험금 받을 수 있나요? |
|---|---|
| A | 상처의 정도와 그에 따른 치료 방법에 따라 달라집니다. |

변연절제를 동반한 창상봉합술은 수술보험금을 받을 수 있습니다. 근육층까지 건드려 근봉합술을 했다면 1종 수술보험금도 받을 수 있습니다.

피부가 찢어졌을 때 꿰매는 방법은 상처부위에 따라 달라집니다. 간단히 피부만 봉합할 수 있고(단순봉합술), 상처부위가 오염되거나 죽은 조직이 있다면 주변조직을 잘라내고 봉합을 하기도 하고(변연절제술), 상처가 깊어 피부 아래 근육층까지 손상됐다면 근육층까지 봉합하기도(근육봉합술) 합니다.

피부가 찢어져 꿰매는 봉합술을 했다고 수술보험금을 청구하면 보험회사는 수술의 정의에 해당하지 않는다며 보험금 지급을 거부합니다. 수술의 정의에 부합하기 위해서는 '의사가 기구를 사용하여 생체에 절단, 절제 등의 조작을 가하는 것' 이어야 하는데 봉합술은 생체를 절단 또는 절제하는 행위가 아니라는 주장입니다.

그런데 변연절제(오염되거나 죽은 조직을 제거하는 수술)를 포함한 봉합술이라면 수술보험금을 받을 수 있습니다. 금융감독원(제2021-8호, 2021.5.18)은 창상봉합술(변연절제 포함)은 죽거나 오염, 손상된 조직을 제거하는 행위와 상처를 봉합하는 의료적 전문성을 요구하는 수술과정으로 약관의 수술의 정의인 '절단, 절제 등의 조작'에 해당한다고 하였습니다.

그러나 변연절제를 포함한 창상봉합술이어도 종수술비에서 받을 수 있는 수술보험금은 없습니다. 그런데 상처의 깊이가 깊어 근육층까지 건드려 봉합을 했다면 〈근,건,인대,연골 관혈수술〉에 해당하는 1종 수술보험금을 받을 수 있습니다.

## Q 건강검진날 위용종과 대장용종 절제술을 받았는데 수술보험금을 각각 받을 수 있나요?

## A 아니요.
### 한번의 수술보험금을 받을 수 있습니다(종수술비).

종수술비에서 두 종류 이상의 수술을 받은 경우 그 수술 중 가장 높은 종수술 보험금에 해당하는 한종류 수술에 대해서만 보험금을 받을 수 있습니다. 다만 동일 신체부위가 아니고, 치료목적이 다른 독립적인 수술이라면 각각의 수술보험금을 받을 수 있습니다.

동일한 신체부위는 눈, 귀, 코, 씹어먹거나 말하는 기능과 관련된 신체부위, 머리, 목, 척추, 체간골, 흉부장기/복부장기/비뇨생식기, 팔, 다리, 손가락, 발가락입니다. (눈, 귀, 팔, 다리, 손가락, 발가락은 좌우를 각각 다른 신체부위로 봅니다)

종수술비 특약에서 교통사고로 머리와 다리 부위를 동시에 수술했다면, 서로 다른 각각의 부위이므로 각각의 수술보험금을 받을 수 있습니다. 상해수술비 특약의 경우 1사고당 수술비가 지급이 되기 때문에 머리와 다리를 수술했다 할지라도 한번의 상해수술비가 지급됩니다.

하루에 뇌수술을 두번 진행했다면 동일한 부위에 대한 수술이기 때문에 한번의 수술보험금만 지급됩니다. 수술의 종류가 다르다면 높은 종 수술보험금에 해당하는 보험금이 지급됩니다.

위와 대장은 장기는 다르지만 복부장기라는 동일한 신체부위이기 때문에 각각이 아닌 한번의 수술보험금을 받을 수 있습니다.

손해보험사의 질병수술비 특약의 경우, 같은 질병으로 두종류 이상 질병수술을 받거나 같은 종류 수술을 2회 이상 받는다면 하나의 질병수술보험금만 지급합니다. (수술을 받고 365일이 경과한다면 새로운 수술로 보아 다시 보험금을 지급합니다/약관마다 상이)

| Q | 하지정맥류 수술(베나실)을 하였는데, 수술보험금 받을 수 있나요? |
|---|---|
| A | 네, 종수술비 보험금을 받을 수 있습니다. 질병수술비 보험금은 약관에 따라 다릅니다. |

하지정맥류 수술로 전통적인 외과수술인 정맥류 발거술이 있고 레이져 또는 고주파를 이용한 정맥치료가 있습니다. 최근에는 생체접착제를 활용한 치료방법인 베나실 치료법이 많이 시행되고 있습니다. 베나실 치료법의 정식명칭은 시아노아 크릴레이트를 이용한 복재정맥폐쇄술(실 수가코드 : OZ303)입니다.
베나실 수술의 경우 신의료기술평가위원회로부터 안정성과 치료효과가 인정되었고, 절단/절제에 해당하는 수술의 정의에 부합하여 질병수술비를 받을 수 있습니다.(금융분쟁조정위원회 조정결정 제 2021-22호)
1-5종 수술특약의 경우, 하지정맥류 근본수술로 보아 1종 수술보험금을 받을 수 있습니다.

손해보험사 질병수술비 특약의 경우, 수술보험금을 받을 수 있습니다. 단, 365일동안 하나의 질병당 1회의 수술보험금을 지급하므로 365일동안 1회에 해당하는 수술보험금만 받을 수 있습니다.
단, 가입한 수술비 특약 약관에서 '시아노아크릴레이트를 이용한 복재정맥폐쇄술'이 수술보험금 지급대상에서 제외되어 있다면 수술보험금을 받을 수 없습니다.

실손의료보험의 경우, 외모개선목적의 다리 정맥류 수술을 보상하지 않기 때문에 미용목적이 아닌 질병치료목적이어야 하며 최근에는 보험금 지급 심사가 강화되어 세부요건을 더 필요로 합니다. [(1)다리 정맥류로 인한 증상이 있거나 합병증 예방목적이 있어야 하고, (2)혈류초음파검사결과 역류가 0.5초(대퇴정맥, 슬와정맥의 경우1초)이상 관찰되어야 합니다.]

## Q  쌍꺼풀(안검하수수술) 수술을 받았는데 수술보험금을 받을 수 있나요?

## A  수술보험금을 받을 수 있습니다.

안검하수는 눈꺼풀이 처진 것으로 수술로 치료가 가능합니다(질병분류기호 H02). 질병 치료를 위해 쌍꺼풀 수술을 했다면 보상이 가능합니다. 손해보험회사 질병수술비 특약의 경우, 외모개선 목적의 치료는 보상을 하지 않고 시력개선목적의 안검하수 수술에 한해서 수술보험금이 지급됩니다. 동일 신체부위 아닌 경우는 각각 지급된다는 문구가 있으면 좌우 양쪽 눈은 다른 부위이기 때문에 두번의 수술보험금이 지급됩니다. 신체부위의 개념 없이 같은 종류의 수술을 두번 받았을 경우 365일 이내에는 한번의 수술보험금만 지급된다는 문구가 있다면 양쪽 눈에 대해 안검하수 수술을 했다 하더라도 한번의 수술보험금만 지급됩니다.

종 수술비 특약의 경우 1종 수술보험금이 지급됩니다. 양쪽 눈을 다른 부위로 보아 2회의 수술보험금이 지급됩니다.

추가적으로 안검하수(H02)가 보장이 되는 안과질환 수술비, 생활질병 수술비 등이 가입되어 있다면 수술보험금을 받을 수 있습니다.

**Q** 제왕절개수술도 수술보험금을 받을 수 있나요?

**A** 수술보험금을 받을 수 있습니다.
(손해보험회사 질병관련수술비는 약관에 따라 다름)

제왕절개술은 수술보험금을 받을 수 있지만 상품 약관에 따라 다르게 적용됩니다. 생명보험회사의 1-5종 수술특약의 경우 1종 수술보험금을 받을 수 있습니다. 손해보험회사의 질병수술비 특약의 경우, 지급하지 않는 사유에 명시되어 있어 수술보험금을 받을 없습니다. 손해보험회사의 1-5종 수술특약의 경우 약관에 따라 달라집니다. 임신·출산 관련 수술이 지급하지 않는 사유에 명시되어 있는지 여부에 따라 보험금 지급 여부가 달라집니다.

> **Q** 계류유산으로 소파술을 했는데 수술보험금을 받을 수 있나요?

> **A** 수술보험금을 받을 수 있습니다.

계류유산은 임신초기에 사망한 태아가 자궁내에 잔류하는 경우로 소파술로 아기집을 제거해야 합니다(질병코드는 O02.1). 계류유산으로 인한 자궁소파술은 출산이나 인공중절수술과 다르게 보아야 합니다.

과거 생명보험회사 1-3종 수술특약의 경우 1종 수술보험금을 지급했습니다. 그러나 분쟁조정(금융분쟁조정위원회 제2007-34) 결과 '기타 자궁수술(인공임신중절술 제외)'이 적용되어 2종 수술보험금을 받을 수 있습니다. 과거 1종 수술보험금을 수령했다면 추가적으로 차액금을 청구할 수 있습니다.

생명보험회사 1-5종 수술특약의 경우 '경질적 자궁, 난소, 난관 수술'을 적용하여 1종 수술비를 받을 수 있습니다. 손해보험회사 1-5종 수술특약의 경우 약관에 따라 달라집니다. 임신·출산 관련 수술이 지급하지 않는 사유에 명시되어 있는지 여부에 따라 보험금 지급 여부가 달라집니다.

**Q 항암방사선 치료를 받았는데 수술보험금을 받을 수 있나요?**

**A 종수술비 보험금을 받을 수 있습니다.**

암 진단 후 수술과 방사선치료를 받게 되면 방사선 치료는 내 몸에 칼을 대지 않는 치료이기 때문에 수술이라고 생각하기가 어렵습니다.
그런데 암을 치료하기 위해 5,000rad 이상의 항암방사선 치료를 받았다면, 3종 수술(1-5종 수술비)/1종 수술(1-3종수술비) 에 해당합니다.

• 악성신생물 근치, 두개내신생물 근치 방사선 조사 분류표

| 방사선 조사 분류항목 | 수술종류 |
|---|---|
| 1. 악성신생물 근치 방사선 조사 [5,000Rad 이상의 조사를 하는 경우로 한정되며, 악성신생물 근치 사이버 나이프(Cyberknife) 정위적 방사선 치료(Stereotactic fadiotherapy)를 포함함] | 3 |
| 2. 두개내 신생물 근치 감마 나이프(Gammaknife) 정위적 방사선 치료 | 3 |

주) 수술 개시일로부터 60일 이내 2회 이상 수술은 1회의 수술로 간주하여 1회의 수술보험금을 지급하며 이후 동일한 기준으로 반복지급이 가능합니다.

〈방사선조사량 단위〉

1rad(라드) = 1cGY(센티그레이) = 0.01GY(그레이)
5,000rad = 5,000cGy = 50Gy
단, 과거 판매된 암보험 상품 중 약관에 수술의 정의가 없는 상품의 경우에는 암수술을 대체한 방사선 치료도 암수술 보험금을 지급받을 수 있습니다. (금융감독원 보도자료 2013.8.27)

# [ 보험상식 ]

## - 수술편 -

### ◎ 대표적인 3대 수술보장

#### - 상해/질병 수술비

상해, 질병수술비는 손해보험회사에서 판매하는 대표적인 수술비 특약입니다. 포괄주의 방식으로 수술의 정의에 해당하기만 하면 보험금을 지급하지 않는 수술을 제외하고 모두 보장을 받을 수 있습니다.

보험금을 지급하지 않는 수술을 살펴보면 흡인, 천자, 신경(神經)차단(nerve block), 미용성형 목적의 수술, 피임 목적의 수술, 검사 및 진단을 위한 수술, 그 외 수술의 정의에 해당하지 않는 시술 등이 있습니다. 또한 정신 및 행동장애(F04~F99), 습관성 유산, 불임 및 인공수정관련 합병증, 임신, 출산(제왕절개를 포함합니다), 산후기, 선천기형, 변형 및 염색체이상, 비만, 요실금, 치핵 등을 보험금을 지급하지 않는 수술로 명시하고 있습니다.

같은 사고로 두 종류 이상의 수술을 받거나, 같은 종류의 수술을 2회 이상 받은 경우에는 하나의 수술보험금만 지급합니다. 이는 사고일로부터 1년 이내 동일한 수술을 2회 이상 받았다 하더라도 1회 수술보험금만 지급받을 수 있습니다. 보장범위가 넓고 경증, 중증 진단과 수술방법에 관계없이 보장받을 수 있는 장점이 있지만, 가입금액이 상대적으로 아쉽습니다. 상해수술비 경우 최대 300만원까지 가입이 가능하고, 질병수술비의 경우 최대 50만원까지 가입 가능한 경우가 대부분입니다.

#### - 종(1~5)수술비

종 수술비는 말 그대로 1종, 2종, 3종, 4종, 5종 으로 나누어 각각의 가입금액을 보장하는 것입니다. 약관에 1종~5종까지 각 해당되는 수술을 수술 분류표로 나열해놓고 해당되는 수술에 대해서만 보장이 됩니다. 상해, 질병 수술비는 보상하지 않는 손해를 제외하고 수술의 정의에 해당이 되면 보험금이 지급되는 포괄주의 방식의 수술비인 반면 종 수술비는 열거되어 있는 항목만 보장하는 열거주의 방식의 수술비입니다. 과거 종수술비는 생명보험회사에서만 가입이 가능했으나 최근에는 손해보험회사에서도 가입이 가능합니다. 단 손해보험회사는 각 회사별로 수술분류표 이외 보상하지 않는 손해를 따로 적용하므로 종수술비 특약이라 하여 보장내용이 동일하지 않음을 주의해야 합니다. 수술방법에 따라 보험금을 차등지급하기 때문에 동일 질병, 상해라 하더라도 관혈, 비관혈에 따라 보험금이 다릅니다. 예를 들어 심장질환으로 관혈수술을 받았다면 5종 수술에 해당하지만, 카테터 삽입 등 비관혈 수술을 받았다면 3종 수술에 해당합니다. 급여와 비급여수술을 구분하지 않고 보험금이 지급됩니다. 수술방법에 따른 보험금 차이는 발생하지만, 급여와 비급여 항목 구분없이 수술보험금이 보장됩니다.

- 관혈수술 : 육안으로 직접 보면서 수술적 조작을 하기 위해 피부에 절개를 가하고 병변 부위를 노출시켜서 수술하는 것을 말합니다.
- 비관혈수술 : 내시경, 카테터 등의 신의료기법을 사용하는 수술을 말합니다.
- 신체부위 : 각각 눈, 귀, 코, 씹어 먹거나 말하기 기능과 관련된 신체부위, 머리, 목, 척추(등뼈), 체간골, 흉부장기·복부장기·비뇨생식기, 팔, 다리, 손가락, 발가락을 말하며, 눈, 귀, 팔, 다리는 좌우를 각각 다른 신체부위로 봅니다.

### 1-5종 수술비 주요수술

| | |
|---|---|
| 1종 | 백내장, 안검하수증, 레이저안구수술<br>치핵/치열/치루 근본수술<br>요실금, 제왕절개, 경질적 자궁/난소/난관 수술<br>편도절제술, 비중격만곡증, 만성부비강염 근본술<br>하지정맥류, 탈장/직장탈 근본술, 손목터널증후군 |

| | |
|---|---|
| 2종 | 위/대장 용종제거술, 체외충격파쇄석술<br>척추수술(비관혈), 충수절제술, 무지외반증<br>자궁/난소/난관/전립선/요도 관혈수술<br>흉부(심장 제외)/복부(비뇨, 생식기 제외) 경피적 수술 |
| 3종 | 뇌/심장 내시경 또는 경피적 수술<br>암수술(내시경/근치방사선조사), 기타피부암 수술<br>척추수술(관혈), 체내용인공심박조율장치 매입술<br>갑상선/녹내장/담낭/담도 관혈 수술, 유방절단술 |
| 4종 | 위절제 수술(개복술), 신장/방광/요관/신우 관혈수술<br>심장막/기관/기관지/폐/흉막 관혈수술(개효술)<br>간장/췌장/소장/결장/직장 관혈수술(개복술) |
| 5종 | 악성신생물(암) 근치수술(관혈)<br>심장내 관혈수술/두개내 관혈수술<br>심장/간/췌장/폐/신장 이식수술<br>대동맥/대정맥/폐동맥/관동맥 관혈수술 |

### – 종(1-7종, 1-8종, 1-9종) 수술비

전통적으로 종수술비는 1-5종 수술비만 판매가 되었다가 최근에 이르러 다양한 종수술비가 출시되었습니다. 1-7종, 1-8종, 1-9종 수술비는 1-5종 수술비와 동일한 열거주의 방식으로 수술분류표에서 정한 수술을 보장합니다. 1-8종 수술비는 1-5종 수술비와 달리 수술방법이 아닌 수술코드(ADRG)로 보상합니다. 따라서 관혈/비관혈 수술에 따라 보험금의 차이는 발생하지 않습니다. 하지만 급여수술만 보상 가능하며 비급여수술은 보상하지 않습니다.

> **– ADRG (Adjacent DRG) – 건강보험심사평가원 수술 시술 코드 기준**
> 한국형 입원환자 분류체계(KDRG)에서 MDC분류를 거쳐 수술여부에 따라 외과계 질병군과 내과계 질병군으로 구분 이후, 연령이나 합병증을 이용하여 DRG(Diagnosis Related Group 입원환자분류체계)를 세분화 하기 이전 단계의 분류

|  | 1-5종 | 1-7,1-8,1-9종 |
|---|---|---|
| 보장방식 | 수술부위&수술명 | 수술코드(ADRG) |
| 보장횟수 | 매회(일부 동일질병,상해 연간1회한) | 수술코드당 연간횟수제한 |
| 급여수술 | 보상 | 보상 |
| 비급여수술 | 보상 | 보상X |
| 급여→비급여 전환시 | 보상 | 보상X |
| 가입전 진단 질병 | 보상 | 보상X |

- N대 특정질병수술비

7대 질병수술비, 16대 질병수술비, 72대 질병수술비, 120대 질병수술비 등의 이름을 가진 수술비를 N대 특정질병수술비라고 합니다. 질병분류코드(KCD)에 따라 보험금이 지급되는데, N대 특정질병수술비의 경우 발생확률이 높은 진단을 세분화하여 보험기간 중 진단이 확정되고 치료를 직접적인 목적으로 수술시 가입금액을 지급하는 보장으로 수술의 방법, 종류에 상관없이 수술 1회당 보험금을 받을 수 있습니다. 즉 관혈, 비관혈 수술의 방법에 상관없이 보험금이 동일하며, 약관상 수술 회당 지급하므로 재수술, 동일수술시 유리합니다. 또한 혈관계 수술의 보장금액이 크고, 양성종양제거술, 다빈도질환, 생활질환 등의 보장범위가 넓은 편입니다. 단, 질병으로 인한 사고시 보상 받을 수 있으며, 암관련 수술에 대해서 보장의 범위가 협소합니다. N대 특정질병수술비의 경우 보험회사마다 보장범위와 보장내용에 차이가 있으니 반드시 해당 상품 약관을 확인해야 합니다.

◎ 각 수술비 특징

|  | 상해/질병수술비 | 1~5종 수술비 | N대 특정질병수술비 |
|---|---|---|---|
| 보장 내용 | 상해/질병으로 수술시 보장 | 수술방법에 따라 보장 | 특정질병을 정해두고 질병코드로 보장 |

|  | 상해/질병수술비 | 1~5종 수술비 | N대 특정질병수술비 |
|---|---|---|---|
| 장점 | 보장하는 범위가 넓음 | 보장범위가 넓고 중대한 수술시 보장금액이 큼 | 관혈/비관혈 상관없이 정해진 질병코드라면 보장 가능 |
| 단점 | 보장금액이 적고 보험료가 비쌈 | 관혈/비관혈 구분해서 보장 | 보장범위가 다소 좁고 암관련 수술을 보장하지 않음 |

## ◎ 다빈도 수술질환 순위

(단위 : 명, 건)

| 순위 | 코드 | 수술질환별 | 수술 인원 | 수술 건수 |
|---|---|---|---|---|
| 1 | H25 | 노년백내장 | 350,336 | 551,580 |
| 2 | K64 | 치핵 및 항문주위 정맥혈전증 | 161,096 | 162,917 |
| 3 | H26 | 기타백내장 | 75,749 | 113,178 |
| 4 | K80 | 담석증 | 71,475 | 80,211 |
| 5 | K35 | 급성충수염 | 68,336 | 70,739 |
| 6 | M17 | 무릎관절증 | 62,713 | 66,458 |
| 7 | M51 | 기타추간판장애 | 57,115 | 58,984 |
| 8 | O82 | 제왕절개에 의한 단일분만 | 43,753 | 43,792 |
| 9 | M48 | 기타척추병증 | 36,800 | 37,755 |
| 10 | I20 | 협심증 | 35,822 | 37,041 |
| 11 | C22 | 간 및 간내담관의 악성신생물 | 20,963 | 31,585 |
| 12 | S32 | 요추 및 골반의 골절 | 29,656 | 30,913 |
| 13 | K40 | 사타구니탈장 | 29,391 | 30,017 |
| 14 | J35 | 편도 및 아데노이드의 만성질환 | 26,809 | 27,078 |
| 15 | O34 | 골반기관의 알려진 또는 의심되는 이상에 대한 산모관리 | 26,968 | 27,066 |

| 순위 | 코드 | 수술질환별 | 수술 인원 | 수술 건수 |
|---|---|---|---|---|
| 16 | I21 | 급성심근경색증 | 25,823 | 27,033 |
| 17 | C73 | 갑상선의 악성신생물 | 25,282 | 25,761 |
| 18 | C50 | 유방의 악성신생물 | 24,336 | 25,221 |
| 19 | J32 | 만성부비동염 | 24,024 | 25,073 |
| 20 | O33 | 알려진 또는 의심되는 불균형에 대한 산모관리 | 22,676 | 22,725 |

* 출처 : 2020년 주요 수술 통계연보(국민건강보험공단)

___ 입원 편 ___

| Q | 인큐베이터 이용시 중환자실 입원비가 나오나요? |

| A | 신생아 중환자실(집중치료실)에 있는 인큐베이터를 이용해야만 중환자실입원비 보상이 가능합니다. |

질병입원(중환자실)일당 특약은 중환자실에 입원하여 치료를 받은 경우 보험금을 받을 수 있습니다.

아이가 미숙아로 태어나거나, 태어나자마자 이상이 있을 경우 인큐베이터에 들어가게 됩니다. 그런데 인큐베이터에 들어갔다고 해서 무조건 중환자실 입원비가 지급되지는 않습니다.

흔히 인큐베이터는 신생아 중환자실(신생아 집중치료실)에만 설치되어 있다고 알려져 있는데 신생아 중환자실(신생아 집중치료실, 니큐(NICU))은 없고 인큐베이터 시설만 구비되어 있는 병원에서 치료를 받게 되면 원칙적으로 중환자실에 입원한 것이 아니기 때문에 중환자실 입원비는 지급되지 않습니다.

병원을 두군데 입원해도 입원비가 나오나요?

  네. 이어서 입원 일수 계산이 됩니다.

병원을 이전하여 입원한 경우에도 동일한 질병 또는 재해에 대해 직접 치료 목적으로 입원한때에는 계속 입원한 것으로 보아 입원일수를 더해 입원보험금이 지급됩니다. 또한 동일한 질병 또는 재해로 입원을 2회 이상 한 경우에는 1회 입원으로 보아 각 입원일수를 더하여 입원 한도일수에서 차감합니다.

### 예시

A병원 8일 입원, B병원 10일 입원 시(3일 초과 1일 입원일당 5만 가입)

A병원과 B병원은 이어서 일수 계산이 되기 때문에 A병원 3일을 제외하고 입원일당 보험금이 지급됩니다. 따라서 총 18일 중 15일에 해당하는 입원보험금(75만)이 지급됩니다.

| Q | 치매 요양병원, 입원비 받을 수 있나요? |

| A | 생명보험회사 입원특약은 입원비 보상 불가하고, 손해보험회사 입원특약은 입원비 보상이 가능합니다. |

입원은 의사가 치료를 목적으로 필요하다고 인정한 경우로 국내 병원, 국외 의료기관에 입실하여 의사 관리하에 치료에 전념하는 것으로, 보험금 지급사유에 해당하지 않고 입원의 조건을 충족한다면 입원보험금을 받을 수 있습니다.

생명보험회사의 입원비 특약의 경우 요양병원은 '병원'이라는 입원의 장소조건은 부합하지만, 치매가 보험금을 지급하지 않는 경우인 정신 및 행동장애로 인한 질병(F00-F99)에 해당하기 때문에 입원보험금이 지급되지 않습니다.

손해보험회사의 입원비 특약의 경우, 치매가 보험금을 지급하지 않는 질병에 해당하지 않기 때문에 치매로 요양병원에 입원하였다면 입원보험금을 받을 수 있습니다.

입원 중 보험기간이 끝났다면 입원비 보상도 끝인가요?

 입원보험금을 받을 수 있습니다.

입원기간 중에 보험기간이 끝났다 하더라도 계속중인 입원기간에는 입원보험금을 받을 수 있습니다. 단, 퇴원없이 계속하여 입원하는 중이어야 합니다.

**예시** >>> **입원당 120일 한도 보장**

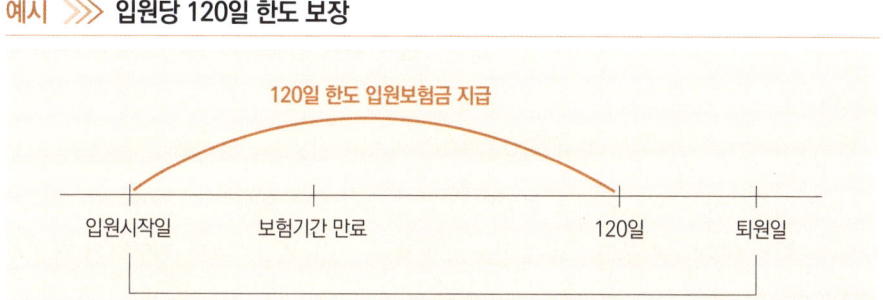

**Q** 군대 의무실도 입원비가 나오나요?

**A** 입원보험금을 받을 수 없습니다.

군대에서 가벼운 진료 또는 치료는 군단지원병원이나 국군병원 이전에 의무실, 의무중대에서 이루어지는데 의무실은 단순 진료위주의 치료가 이루어지며 병원, 의원에 해당하지 않기 때문에 입원 일당 보험금을 받을 수 없습니다.

입원특약에서 보장받기 위해서는 의료법 제3조(의료기관)에서 규정한 국내의 병원이나 의원 또는 국외의 의료관련법에서 정한 의료기관에 입실하여 의사의 치료를 받아야 합니다.

군병원은 비용을 지불하지 않고 치료를 받기 때문에 실손의료보험의 적용이 되지 않습니다. 실손의료보험은 실제로 본인이 부담한 경우에만 보상이 이루어지기 때문입니다. 군의무실이 아닌 군병원은 보험금을 받을 수 있는 의료기관에 해당하기 때문에 실손의료보험 외 진단비, 수술비, 입원비 등 정액 보상은 받을 수 있습니다.

"당신의 보험금을 지켜주는 착한 레시피" **보험금 전쟁에 대비하라**

 장기입원시 언제까지 입원비가 나오나요?

 180일(보장제외기간)이 지나면 다시 보상 받을 수 있습니다.

입원특약은 생명보험회사, 손해보험회사에 따라 하나의 질병, 재해 당 120일, 180일을 한도로 보상됩니다. 아무리 오래 입원한다 하더라도 120일, 180일이 초과하면 초과한 기간은 입원비를 받을 수 없습니다.

그런데 동일한 질병 또는 재해에 대한 치료로 입원을 장기간 계속하여 120일, 180일이 지나도록 퇴원없이 계속 입원중인 경우 입원보험금이 지급된 최종입원일의 그 다음날을 퇴원일로 보고 180일이 경과하면 새로운 입원으로 보아 보상이 가능합니다.

### 예시 >>>

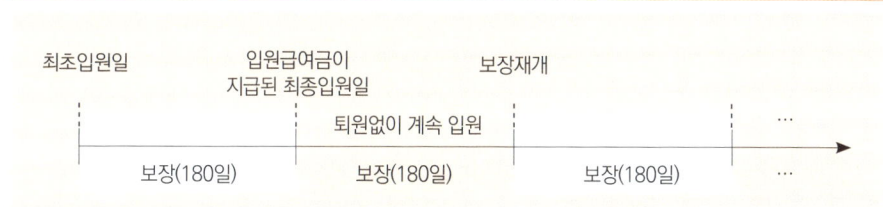

# [ 보험상식 ]
## - 입원편 -

◎ **입원특약의 필요성**

입원특약은 보험 소비자들에게 선호도가 높고 가입하려는 분들이 많았던 보장 중 하나입니다. 장기 입원으로 인한 소득상실을 보전해 줄 수 있고 과도한 상급 병실 의료비 부담 절감 효과가 있으며, 간병인을 사용할 수 있는 자금으로도 활용이 가능합니다. 또한 다양한 종류의 입원특약에 가입함으로써 건강보험 미적용 치료비, 실손의료보험 미적용 치료비를 대체할 수 있는 보장으로 활용도가 높습니다. 그러나 최근에는 가성비가 낮다는 이유로 입원특약 보다 다른 보장을 보강하는 것을 추천하고 있습니다.

입원특약 및 입원일당 보험이 과거와 다르게 가입 선호도가 낮은 이유는 크게 세가지로 나눌 수 있습니다.

**첫째, 납입 보험료가 비싸다!**

※ 2023년 9월 S생명보험, 저해지환급형, 40세(남), 상해 1급, 20년납 100세만기 기준

[1일당 3만원, 120일 한도]
월 보험료 23,100원 / 총 보험료 5,544,000원 → 184.8일

※ 2023년 9월 H손해보험, 해약환급금 미지급형, 40세(남), 상해 1급, 20년납 100세만기 기준

[1일당 3만원, 180일 한도]
상해입원일당 4,191원
질병입원일당 21,738원
월 보험료 25,929원 / 총 보험료 6,222,960원 → 207.4일

나이와 성별, 직업 및 건강상태에 따라 보험료는 다를 수 있으나 40세 남자 기준으로 입원 1일당 3만원씩 보장 받기 위해서는 생명보험회사는 월 23,100원, 손해보험회사의 경우 월 25,929원을 납입해야 보장을 받을 수 있습니다. 이는 생명보험회사의 경우 총 납입보험료 대비 약 184일을 입원해야 납입원금과 동일하며, 손해보험회사의 경우 약 207일 이상을 입원해야 납입원금과 동일한 형태인데 이를 고려하면 하루 입원비 3만원을 받기 위해 부담하는 보험료가 비싸다고 느껴집니다.

### 둘째, 평균 입원일수가 줄어들고 있다!

국민건강보험공단 '2021년 주요수술 통계연보' 자료에 따르면 수술 건당 입원일수는 2017년부터 연평균 1.9% 감소로 매년 꾸준히 감소하고 있고, 실제 대학병원에서 암 진단을 받고 수술을 하는 경우에도 3주 이상 입원을 하지 않는 경우가 많습니다. 이유를 살펴보면, 의료기술발전과 건강검진확대로 인한 조기 진단으로 상대적으로 경미한 상태에서 치료를 시작하는 경우가 많아졌고 교통사고도 경미한 사고의 경우 2주 미만의 입원을 권고하고 있기 때문입니다.

### 셋째, 실손의료보험에서 보장 가능!

지금은 꼭 필요한 보험 중 하나가 실손의료보험입니다. 과거에는 현재보다 인식이 부족해서 실손의료보험 가입률이 높지 않을 때가 있었고 그 당시 입원 치료를 하게 되면 비싼 입원치료비로 인해 입원비를 보장해주는 보험이 상당히 큰 역할을 했었습니다. 하지만 지금은 실손의료보험 가입자라면 입원비 관련된 부분도 사고당 5,000만원 한도내에서 일부 자기부담금을 제외하고 충분히 보장 받을 수 있기 때문에 더 큰 금액을 보장 받고 싶은게 아니라면 실손의료보험에서 보장이 가능합니다.

물론 경우에 따라서 중상해 상태이거나 장기요양상태 또는 뇌질환 관련 질병으로 입원하는 경우처럼 장기 입원치료가 필요한 상황도 있습니다. 특정질병에 대한 불안감으로 인해 입원보장을 준비하고 싶다면 합리적인 보험료 범위내에서 원하는 입원특약을 선택하는 것을 추천합니다. 예를 들어 암직접치료입원일당, 요양병원암입원일당, 심혈관질환입원일당, 뇌혈관질환입원일당, 중환자실입원 일당 등 저렴한 보험료로 특정질환 및 사고를 대비할 수 있습니다. 또한 보험료가 비싸지 않은 태아 및 어린이의 경우 보장기간 및 가성비를 고려해 합리적인 보험료 범위내에서 가입하는 것을 추천합니다.

### 예시 >>> 입원 특약의 종류

- 질병/상해 입원일당(1-10일, 1-30일, 1-120일, 1-180일)
- 질병입원일당(종합병원) (1-10일, 1-180일)
- 질병입원일당(중환자실) (1-10일, 1-180일)
- 질병/상해 수술입원일당(1-10일, 1-120일)
- 암직접치료입원일당, 암요양병원입원일당, 심뇌혈관질환 입원일당, 뇌혈관질환입원일당
- 식중독입원일당, 특정감염병입원일당, 독감입원일당, 질병/상해 간호간병통합서비스 입원일당
- 간병인사용입원일당, 간병인지원입원일당, 유산입원일당
- 임신출산질환 입원일당, 저체중아입원일당, 신생아질병입원일당

## ◎ 입원의 정의와 장소

'입원'이라 함은 병원 또는 의원 등의 의사, 치과의사 또는 한의사의 면허를 가진 자(이하 '의사'라 합니다)에 의하여 상해/질병의 치료가 필요하다고 인정된 경우로서 자택에서의 치료가 곤란하여 의료법 제3조(의료기관)에서 규정한 국내의 병원, 의원 또는 국외의 의료관련법에서 정한 의료기관에 입실하여 의사의 관리 하에 치료에 전념하는 것을 말합니다.

[관련법규]

**의료법 제3조(의료기관)에서 정한 의료기관의 구분**
- 의원급 의료기관 : 주로 외래환자를 대상으로 하는 의원, 치과의원, 한의원
- 병원급 의료기관 : 주로 입원환자를 대상으로 하는 병원, 치과병원, 한방병원, 요양병원, 종합병원
- 조산원 : 조산사가 임부, 해산부 등을 대상으로 보건활동 등을 하는 의료기관

[유의사항]

**〈입원과 퇴원이 24시간 이내 이루어진 경우〉**
- 입원실에 머무른 시간이 6시간 이상인 경우를 의미
- 입원산정 기산점은 진료기록부 기재내역 및 환자가 실제로 입원실을 점유한 시점등을 고려하여 입원실 입실시간을 기준으로 함
- 낮 병동에 입원하는 경우 등 상기 내용은 요양급여의 적용기준 및 방법에 관한 세부사항과 심사지침(건강보험심사평가원, 2021년 7월판)기준을 따르며, 심사지침이 변경될 경우 변경된 지침을 따름

## ◎ 평균 입원 일수 상위 20위(질병)

(단위 : 명, 일)

| 순위 | 코드 | 수술질환별 | 환자 수 | 평균 입원 일수 |
|---|---|---|---|---|
| 1 | F00 | 알츠하이머병에서의 치매 | 117,836 | 187 |
| 2 | G81 | 편마비 | 40,186 | 170 |
| 3 | F20 | 조현병 | 19,145 | 158 |
| 4 | F01 | 혈관성 치매 | 4,299 | 154 |
| 5 | G82 | 하반신마비 및 사지마비 | 11,876 | 150 |
| 6 | G20 | 파킨슨병 | 26,887 | 150 |
| 7 | G30 | 알츠하이머병 | 5,401 | 125 |

| 순위 | 코드 | 수술질환별 | 환자 수 | 평균 입원 일수 |
|---|---|---|---|---|
| 8 | F03 | 상세불명의 치매 | 7,455 | 114 |
| 9 | I61 | 뇌내출혈 | 23,845 | 106 |
| 10 | I69 | 뇌혈관질환의 후유증 | 5,250 | 102 |
| 11 | F25 | 조현정동장애 | 2,119 | 101 |
| 12 | F10 | 알코올사용에의 정신 및 행동장애 | 19,579 | 92 |
| 13 | G80 | 뇌성마비 | 1,852 | 82 |
| 14 | F29 | 상세불명의 비기질성 정신병 | 2,216 | 75 |
| 15 | G12 | 척수성 근위측 및 관련 증후군 | 2,053 | 74 |
| 16 | I63 | 뇌경색증 | 107,319 | 68 |
| 17 | F06 | 뇌손상, 뇌기능이상 및 신체질환에 의한 기타 정신장애 | 3,019 | 68 |
| 18 | I60 | 지주막하출혈 | 10,887 | 66 |
| 19 | S14 | 목부위의 신경 및 척수의 손상 | 2,298 | 65 |
| 20 | C71 | 뇌의 악성 신생물 | 4,470 | 62 |

* 출처 : 보건의료빅데이터개방시스템(2021)

____ 실손의료보험 편 ____

| Q | 외국에서 발생한 치료비, 실손의료보험 보상이 되나요? |
|---|---|
| A | 보상 받을 수 없습니다. |

실손의료보험 약관 내 '보험금을 지급하지 않는 사유'에 따라 해외소재 의료기관에서 발생한 의료비는 보상하지 않습니다.
하지만 질병/상해 해외치료비를 보상해주는 여행자보험을 가입했거나 해외가 아닌 국내에서 추가로 치료 받았다면 개인 실손의료보험에서 보상 가능하며 해외에서 발생한 진단 확인이 가능한 서류를 준비하면 진단비 추가 수령이 가능합니다.

> **약관정보**
>
> **[보험금을 지급하지 않는 사유]**
> [국민건강보험법] 제42조의 요양기관이 아닌 외국에 있는 의료기관에서 발생한 의료비

추가로, 실손의료보험 가입 시점에 따라 해외에서 발생한 치료비를 보상 받을 수 있습니다.
실손의료보험 표준화 이전 계약(2009.8월 이전)은 해외의료기관 의료비를 지급하지 않는다는 내용이 없습니다. 따라서 2009년 7월까지 가입한 상해/질병, 입원/통원 의료비 가입자라면 해외소재 의료기관에서 발생한 의료비의 보상처리가 가능합니다. 하지만 건강보험을 적용 받지 못한 경우로 보아 40%만 지급 처리됩니다. 일반상해의료비는 50% 보상이 가능합니다.

> **약관정보**
>
> **2009년 8월 이전 약관**
> **[보상하는 손해]**
> 회사는 국민건강보험법에 의하여 피보험자가 부담하는 제1항의 제1호, 제2호, 제3호의 비용(국

민건강보험법에서 정한 요양급여 중 본인부담분과 비급여 부분을 말합니다) 전액과 24호의 비용중 50% 해당액을 1사고당 3천만원을 한도로 보상하여 드립니다. 다만, 피보험자가 국민건강보험을 적용받지 못한 경우(국민건강보험에 정한 요양급여 절차를 거치지 아니한 경우도 포함합니다)에는 제1항의 발생 입원의료비 총액의 40% 해당액을 1사고당 3천만원을 한도로 보상하여 드립니다.

### 해외여행 중 질병/상해 보험금 청구 필요 서류

| | |
|---|---|
| 공통 서류 | 1. 보험금청구서<br>2. 개인(신용)정보처리동의서<br>3. 청구인 신분증 사본<br>4. 여권 사본(사진면 + 입출국 도장 찍힌 면) |
| 추가 서류 | 1. 의사소견서 또는 진단서<br>2. 진료비 계산서, 영수증, 진료비 세부내역서<br>3. 약값 발생시 약제비 계산서, 영수증 및 처방전<br>4. 기타 : 초진기록지 |

| Q | 무릎 줄기세포 주사도 실손의료보험 보상이 되나요? |
|---|---|
| A | 신의료기술로 보상 대상입니다. |

신의료기술은 보건복지부 고시로 안정성/유효성을 인정한 새로운 의료기술로 실손의료보험의 보상 대상이나, 치료받은 보험 소비자가 보건복지부 고시에서 정한 치료대상에 해당하지 않을 경우에는 보상을 못 받을 수 있으니 주의가 필요합니다.

무릎골관절염에 대한 '골수 흡인물 무릎주사'는 2023년 7월 보건복지부 고시를 통해 신의료기술로 승인되었습니다.

보건복지부 고시(제2023-128호)에 의하면, 골수 흡인물 무릎주사(이하 주사치료)는 ① X선 검사상 관절 간격이 정상에 비해 명확하게 좁아졌거나 ② MRI 또는 관절경 검사를 통해 연골이 50% 이상 손상된 무릎 골관절염 환자를 치료 대상으로 정하고 있습니다.

* ① KL등급 무릎 골관절염의 정도를 평가하는 분류체계(0~4등급)로써 관절 간격이 정상에 비해 명확하게 좁아지는 증상은 2~3등급에 해당
  ② ICRS등급 국제연골재생협회(ICRS)의 연골 손상 정도에 대한 분류체계(0~4등급)로써 연골이 50% 이상 손상된 경우는 3~4등급에 해당

증상이 경미한 골관절염 의심수준이나 인공관절 대체 등 수술적 치료가 필요한 경우 등은 위 기준에 해당하지 않아 보험금이 지급되지 않을 수 있습니다.

**Q** 병원의 권유로 전립선결찰술 추천 받았는데 보상이 되나요?

**A** 요건을 모두 충족해야 합니다.

'이식형 결찰사를 이용한 전립선 결찰술'은 전립선 비대증 환자의 요도 폐색 증상을 개선하기 위한 시술방법으로 2015년 5월 보건복지부 고시를 통해 신의료기술로 승인되었습니다.

보건복지부 고시(제2015-73호)에 의하면 전립선 결찰술은 다음 요건을 모두 충족하는 전립선비대증 환자를 대상으로 하는 치료법입니다.

① 연령 50세 이상
② 전립선 용적 100cc 미만
③ IPSS(국제전립선증상점수) 점수가 8점 이상
④ 외측엽(lateral lobe) 전립선비대증 환자 중 기존의 내시경 수술을 원하지 않는 환자
※ IPSS(International Prostate Symptom Score) : 점수가 높을수록 전립선비대증 증상이 심하다는 의미로 7개 질문에 대한 답변으로 점수 산정(0점~35점)

위 기준에 한개라도 해당하지 않은 경우에는 보험금이 지급되지 않을 수 있기 때문에 치료 전에 IPSS 검사와 초음파 검사 결과 등을 종합하여 적정한 치료대상인지 여부를 확인하고 치료 받기를 권해드립니다.

| Q | 스쿠버다이빙 지도를 하다가 다쳤다면, 실손의료보험 보상이 되나요? |

| A | 보상 받을 수 없습니다. |

전문등반, 글라이더 조종, 스카이다이빙, 스쿠버다이빙, 행글라이딩, 수상보트, 패러글라이딩을 직업, 직무 또는 동호회 활동목적으로 인한 상해 사고 보험금 지급사유가 발생한 때에는 해당 보험금을 지급하지 않는다고 약관에 명시되어 있습니다.

모터보트, 자동차 또는 오토바이에 의한 경기·시범·흥행 또는 시운전 중 발생한 상해사고의 경우도 보상되지 않으며, 선박승무원, 어부, 사공, 그 밖에 선박에 탑승하는 것을 직무로 하는 사람이 직무상 선박에 탑승해 발생한 상해도 면책 사항입니다.

반대로 스쿠버다이빙 중 발생한 사고라 할지라도 계속·반복적 취미활동이 아닌, 단순 '교육목적의 모임' 중 발생한 사고라면 보험회사는 보험금 지급해야 한다는 대법원 판례가 있습니다.

2018년 여름, 인근 바다에서 지인들과 스쿠버다이빙을 즐기고 있던 중 장비에 문제가 생겼고 A씨는 탈출을 시도했지만 바다에서 빠져나오지 못해 결국 질식으로 인해 정신을 잃었고 병원에 실려 갔지만 사망한 사고가 발생했습니다.

보험회사는 A씨가 스쿠버다이빙 동호회 활동 중 사망했으므로, 약관에 따라 보험금 지급할 수 없다는 입장이었고, 특히 A씨 전문 자격증을 보유하고 개인 장비를 갖추고 있었으며, 사망 당시 함께 모인 지인들이 스쿠버다이빙 강습소에서 알선해준 사람들인 만큼 동호회 활동 과정에서 사고를 겪은 것이 명백하다는 주장이었습니다.

하지만 당시 A씨는 스쿠버다이빙 강사 외에 다른 교육생들과는 지인이라고 말할 정도로 친분이 있던 것은 아니었고 또 평소 A씨는 강사로부터 개인 교습을 받은 경우도 있었지만 당일 모인 사람들과 계속적·반복적으로 모여 교육을 받은 것도 아니었습니다.

다시 말해 "당시 스쿠버다이빙 교육을 위해 모인 이들에 대해 직업 또는 동호회 활동을 했다고 볼 수 없고, 계속적·반복적인 것이 아닌 사실상의 일회성 모임으로 동호회 활동의 일환이라고 보기 어렵다"고 판단했습니다.(대법원 판례 2019.9.26선고 2017다48706)

스쿠버다이빙을 직업으로 교육하다가 발생한 사고는 상해보험 또는 실손의료보험에서는 보상 받을 수 없지만 직업, 직무 또는 동호회 활동과 상관없는 질병 사고, 생명보험의 재해사고는 보상 받을 수 있습니다.

### 약관정보

**[보험금을 지급하지 않는 사유]**

회사는 다른 약정이 없으면 피보험자가 직업, 직무 또는 동호회 활동 목적으로 한 다음의 어느 하나에 해당하는 행위로 인하여 생긴 상해에 대해서는 보상하지 않습니다.
1. 전문등반(전문적인 등산용구를 사용하여 암벽 또는 빙벽을 오르내리거나 특수한 기술, 경험, 사전 훈련이 필요한 등반을 말합니다), 글라이더 조종, 스카이다이빙, 스쿠버다이빙, 행글라이딩, 수상보트, 패러글라이딩
2. 모터보트·자동차 또는 오토바이에 의한 경기, 시범, 행사(이를 위한 연습을 포함합니다) 또는 시운전(다만, 공용도로에서 시운전을 하는 동안 발생한 상해는 보상합니다)
3. 선박에 탑승하는 것을 직무로 하는 사람이 직무상 선박에 탑승하고 있는 동안

**Q 쌍꺼풀수술, 실손의료보험 보상이 되나요?**

**A 보상받을 수 있습니다.**

보험약관에서는 미용이나 성형 목적의 수술에 대해서는 보험금을 지급하지 않는다고 규정하고 있습니다. 다만 안검하수증(안검내반증)등으로 인해 성형외과에서 쌍꺼풀 수술을 했다면 실손의료보험금을 받을 수 있습니다. 성형(미용)목적이 안 되는 것이지 성형외과 자체가 안 되는 것은 아닙니다.

> **약관정보**
>
> **[보상하지 않는 손해]**
> 아래에 열거된 국민건강보험 비급여 대상으로 신체의 필수 기능개선 목적이 아닌 외모개선 목적의 치료로 인하여 발생한 의료비
> - 쌍꺼풀수술(이중검수술, **다만 안검하수(눈꺼풀처짐), 안검내반(눈꺼풀속말림) 등을 치료하기 위한 시력개선 목적의 이중검수술은 보장합니다**), 코성형수술(융비술), 유방확대(다만, 유방암 환자의 유방재건술은 보상합니다)·축소술, 지방 흡입술, 주름살제거술 등

다만 수술보험금은 경우에 따라 보험금 지급이 달라질 수 있습니다.
종수술특약에서는 안검하수수술은 1종으로 분류되어 1종 수술 보험금을 받을 수 있으며, 질병수술비 특약 역시 수술보험금을 받을 수 있습니다. 하지만 안검내반수술 보험금은 분쟁의 소지가 있습니다. 가입시기에 따라 안검내반증, 외반증, 부안검 등의 수술은 보장되지 않는 경우가 있기 때문입니다. 이 경우 눈 근육 절제 등의 치료 행위가 있었다면 근, 건, 인대, 연골 관혈수술로 인정되어 수술보험금을 받을 수 있으니 참고하는 것이 좋습니다.
또한 어린이(태아)보험을 가입하고 안검하수수술 또는 안검내반수술을 진행했다면 선천이상수술비 추가청구가 가능합니다. 통상 질병 코드 Q 또는 H, 두 코드를 부여받

을 수 있고 질병 코드에 따라 수술보험금 적용 여부는 달라집니다.

**Q코드로 진단서를 받은 경우**
선천이상수술비, 질병수술비 보상 가능

**H코드로 진단서를 받은 경우**
질병수술비 보상 가능

## Q 오토바이 사고도 실손의료보험 보상이 되나요?
## A 보상 받을 수 없습니다.

종합보험, 운전자보험, 상해보험과 같이 상해를 보장하는 보험은 대부분 이륜차 부담보 특약이라는 제도성 특약 항목이 있는데 보험 가입자 대부분이 대수롭지 않게 생각하는 항목이 '이륜차 부담보 특약'입니다.

이륜차 부담보 특약은 피보험자가 보험기간 중에 이륜자동차를 소유, 사용, 관리하는 동안 발생하는 상해 위험을 배제하는 특약입니다. 쉽게 말해 이륜차를 탑승하거나 운전하는 동안 발생하는 사고는 보상하지 않는 것입니다.

오토바이 외에 전동 킥보드, 원동기장치 자전거, 삼륜바이크, 사륜바이크 등 작은 엔진을 이용하여 움직이는 물건은 오토바이 대용으로 분류됩니다. 쉽게 말해서 사람의 손이나 발로 가는 탑승 기구가 아니면 대부분 '이륜차 부담보 특약'에 따라 보험금 지급이 불가합니다.

다만 직업, 직무 또는 동호회 활동 등으로 주기적으로 운전하는 경우가 아니라면 보상 받을 수 있습니다. 예를 들어 유원지에 놀러가서 오토바이를 타다가 운전 미숙으로 사고가 발생했거나, 친구의 오토바이를 빌려 한 번 탔는데 사고가 발생했다면 보험금 지급 대상입니다.

오토바이 관련한 사고는 자동차 사고보다 더 많은 보험회사 면책 및 입증 절차가 요구될 수 있습니다. 또한 가입한 상품 및 특약에 따라 보상 여부도 달라질 수 있습니다. 오토바이 사고와 관련해 무조건 보상 받을 수 없다고 생각하지 말고 보험 담당자를 통해서 정확한 권리를 보호 받아야 합니다.

**약관정보**

**[이륜 자동차 운전 중 상해 부담보 제도 특별약관]**

① 회사는 계약의 내용에도 불구하고 보험증권에 기재된 피보험자가 보험기간 중에 이륜 자동차를 운전(탑승을 포함합니다. 이하 같습니다.)하는 중에 피보험자에게 발생한 급격하고도 우연한 외래의 상해사고를 직접적인 원인으로 보험계약에서 정한 보험금 지급사유 또는 보험료 납입면제 사유가 발생한 경우에는 보험금을 지급하지 않으며, 보장보험료 납입을 면제하지 않습니다. 다만, 피보험자가 이륜자동차를 직업, 직무 또는 동호회 활동과 출퇴근용도 등 주기적으로 운전하는 사실을 회사가 입증하지 못한 때에는 보험금을 지급하며, 보장보험료 납입을 면제합니다.

**Q** 단체실손의료보험과 개인실손의료보험 중복가입시, 정지가 가능한가요?

**A** 가능합니다.

2023년 1월 1일부터 개인·단체실손의료보험 중복가입자는 원하는 보험을 중지하여 보험료 부담을 경감할 수 있습니다.

과거 개인·단체실손의료보험 중복가입자는 개인실손의료보험만 중지 가능했으나 개정 이후 개인실손의료보험 뿐만 아니라 단체실손의료보험 중지 신청도 가능하고 단체실손의료보험 중지시 납입보험료는 소비자에게 환급 가능합니다.

또한 과거 개인실손의료보험 중지된 경우에는 재개 시 판매 중인 실손의료보험으로만 재개 가능했는데 개정 이후 판매 중인 상품 외에 중지시 가입한 상품으로도 재개 가능합니다.

실손의료보험은 가입시기에 따라 보장내용, 자기부담비율, 보장한도 등이 달라 실손의료보험 중지로 보상 범위가 축소 될 수 있습니다. 중복가입 중인 실손의료보험별 보장내용, 보험료 등을 잘 살펴보고 중지신청 여부 및 어떤 상품을 중지할지 잘 판단할 필요가 있습니다.

> **실손의료보험 중복가입여부 확인방법**
> 한국신용정보원 크레딧포유 홈페이지(http://www.credit4u.or.kr)의 실손의료보험가입 현황 조회 등을 통해 실손의료보험 가입 현황 및 해당 보험회사 확인이 가능합니다.
>
> **실손의료보험 중지제도 신청방법**
> - 단체실손의료보험을 중지하고 싶을 경우 : 단체실손의료보험 보험계약자(법인 등) 또는 해당 보험회사 콜센터에 문의
> - 개인실손의료보험을 중지하고 싶을 경우 : 해당 보험회사의 담당 보험 설계사 또는 콜센터에 문의

> **Q** 하루에 여러 번 병원에 가면 치료비를 다 받을 수 있나요?
>
> **A** 동일한 질병이면 1회만 보상이 됩니다.

하나의 질병 또는 상해로 하루에 같은 치료를 목적으로 2회 이상 통원치료를 받거나 2회 이상 약국에서 처방조제를 받은 경우 각각 1회의 외래 및 1건의 처방으로 보상이 됩니다. 단, 공제금액은 중복 방문한 의료기관 중 높은 금액을 공제합니다.

다른 질환으로 각각의 병원에서 진료를 받았다면, 합산하여 하루 통원 한도에서 보상을 받는 것이 아니라 각각 보상이 이루어집니다. 예를 들어 무릎이 아파 병원에 가는 김에 며칠 전부터 아팠던 오른쪽 손목도 함께 검사를 받았다면 각각 통원 한도 내에서 보상이 됩니다.

| Q | 퇴원시 처방받은 약도 실손의료보험 보상이 되나요? |

| A | 입원의료비 한도 내에서 보상이 이루어집니다. |

퇴원과정에서 의사로부터 질병의 치료를 목적으로 처방받은 약제비는 입원의료비에 해당되어 입원의료비 한도 내에서 보상이 이루어집니다.

금융감독원은 2016년 1월부터 퇴원시 처방받은 약제비도 입원의료비에 해당한다고 명확화 하였으며 2009년 10월 이후부터 소급적용됩니다.

## 보 도 자 료
### 2015. 12. 30.(수) 조간부터 보도 가능

| 담당부서 | 보험상품감독국 | 조운근 국장(3145-8220), 원희정 팀장(3145-8246) | | |
| --- | --- | --- | --- | --- |
| 배 포 일 | 2015. 12. 29.(화) | 배포부서 | 공보실(3145-5786, 5790) | 총 9매 |

### 제 목 : 2016.1.1.부터 개정 실손의료보험 표준약관 시행

**1** 실손의료보험금 지급기준 명확화

**1-1** 퇴원시 처방받은 약제비를 입원의료비에 포함 ('15.8.24.기발표)
[기존계약('09.10월 이후 가입계약) 및 신규계약('16.1.1. 이후 가입계약) 모두 적용]

☐ **(현황)** 입원환자가 퇴원하면서 의사로부터 처방받은 약제비가 입원의료비에 해당하는지, 통원의료비에 해당하는지가 불명확

○ 입원의료비에 해당할 경우 최고 5천만원까지 일시에 보상받을 수 있는 반면, 통원의료비에 해당할 경우에는 1회당 최고 30만원 (180일 한도)만 보상받을 수 있음

☐ **(개선)** 퇴원과정에서 의사로부터 질병의 치료를 목적으로 처방받은 약제비는 입원의료비에 해당하는 것으로 약관에 명확화

<2015년 12월 30일 금융감독원 배포 보도자료 일부 발췌>

## Q 치과치료도 실손의료보험 보상이 되나요?

## A 질병코드에 따라 다릅니다.

2009년 10월 이후 판매된 실손의료보험은 치과치료에서 발생한 국민건강보험법상 비급여 의료비는 보상하지 않는다고 명시되어 있습니다. 따라서 치과치료는 급여 의료비 범위 내에서 보상이 가능합니다. 다만 약관에서 정한 비급여 치과치료는 치아질환(질병코드K00~K08) 치료를 말하며, 구강/혀/턱 관련한 치과치료(질병코드 K09-K14)는 비급여 의료비라도 보상이 가능합니다.

충치, 임플란트 등의 치아질환 관련 치과 치료만 비급여 의료비를 보상하지 않도록 하기 위함인데 약관에 질병코드가 명시되어 있지 않다 보니 구강/혀/턱 관련 질환(K09~K14)까지 모두 보상이 불가한 것처럼 보이는 문제점이 있어 2016년 실손의료보험 약관이 명확화 되었습니다.

| 질병코드 | 내용 | 급여 | 비급여 |
|---|---|---|---|
| K00 | 치아의 발육 및 맹출 장애 | O | X |
| K01 | 매몰치 및 매복치 | | |
| K02 | 치아우식 | | |
| K03 | 치아경조직의 기타질환 | | |
| K04 | 치수 및 근단주위조직의 질환 | | |
| K05 | 치은염 및 치주질환 | | |
| K06 | 잇몸 및 무치성 치조융기의 기타장애 | | |
| K07 | 치아얼굴이상(부정교합포함) | | |
| K08 | 치아 및 지지구조의 기타장애 | | |

| 질병코드 | 내용 | 급여 | 비급여 |
|---|---|---|---|
| K09 | 달리 분류되지 않는 구강영역의 낭 | O | O |
| K10 | 턱의 기타질환 | | |
| K11 | 침샘의 질환 | | |
| K12 | 구내염 및 관련 병변 | | |
| K13 | 입술 및 구강점막의 기타질환 | | |
| K14 | 혀의 질환 | | |

> **약관정보**
>
> **[보상하지 않는 사항]**
>
> **2009년 10월~2015년 12월 가입자**
>
> 치과치료에서 발생한 국민건강보험법상 요양급여에 해당하지 않는 비급여 의료비
>
> **2016년 1월 이후 가입자**
>
> 치과치료(K00~K08)에서 발생한 국민건강보험법에 따른 요양급여에 해당하지 않는 비급여 의료비

## Q: MRI는 입원해야 실손의료보험 보상이 되나요?

## A: 아니요. 가입한 시기의 약관에 따라 다릅니다.

실손의료보험 한도를 살펴보면, 입원하여 치료를 받는 경우에는 하나의 상해, 질병 당 최대 5,000만원(3,000만원) 한도로 보상을 받고 통원하여 치료를 받는 경우에는 외래 및 처방조제를 합쳐 30만원(10만원) 한도로 보상을 받습니다.

보통 MRI를 찍는 경우 MRI비용이 외래 통원의료비 한도인 10만원, 20만원, 25만원을 초과하는 경우가 대부분입니다. 50만원의 MRI를 찍는다고 하더라도 통원시 최대 10만원, 20만원, 25만원을 받을 수 밖에 없기 때문에 입원하여 MRI를 찍는 환자들이 많아졌고 설계사들 또한 그렇게 안내를 하였습니다. 입원하여 MRI를 찍으면 입원의료비 한도인 5,000만(3,000만) 한도에서 보상이 되기 때문에 거의 대부분의 검사비용을 보상받게 됩니다.

그런데 비급여 MRI 비용이 개별 특약으로 분리된 2017년 4월부터는 입원과 통원에 따른 보상한도 차이가 없습니다. 입원, 통원 상관없이 연간한도 300만원 내에서 공제금액을 뺀 금액이 보상되기 때문에 2017년 4월 이후 가입자는 보상한도를 높이기 위해 입원하여 비급여 MRI를 찍을 필요가 없습니다.

한방병원 MRI도 실손의료보험 보상이 되나요?

 한방병원이라 할지라도 MRI검사는 양방치료이기 때문에 보상이 가능합니다.

한방병원은 치료내용에 따라 보상여부가 달라지고, 이 또한 가입시기에 따라 차이를 보입니다.
2009년 10월 이후 가입자부터는 한의원, 한방병원 급여 의료비에 대해서만 보장이 됩니다.
따라서 한방병원에서의 치료는 거의 다 보장이 안된다고 착각하기 쉬우나, 한방병원은 한방의사와 양방의사가 협진을 하는 병원이기 때문에 치료내용에 따라 보상이 달라져 주의가 필요합니다. 양방의사에 의한 양방치료는 급여/비급여 구분 없이 보상이 가능합니다. MRI 촬영의 경우 한방의사의 치료영역이 아니라 양방의사의 치료 영역이므로 한방병원에서의 비급여 치료이지만 양방치료이기 때문에 실손의료보험 보상이 가능합니다.

| 가입시기 | 한방의료비 | 보상여부 | 특징 |
|---|---|---|---|
| 1세대 실손의료보험 (~2009.10월이전) | 통원 | 보상 x | 상해치료비 '일반상해의료비 특약' 가입시 통원, 입원 보상 가능 |
| | 입원 | 보상 o | • 치료목적 한약(비급여)보상<br>• 보신용 한약 보상 안됨 |
| 2세대~4세대 실손의료보험 (2009.10월이후) | 비급여 보상 x | | • 양방 치료비 보상 가능<br>• 한방 의료비 비급여 보상 안됨<br>  단, 한방 의료비 급여 치료는 자기부담금 제외하고 보상 가능함 |

**추나치료도 실손의료보험 보상이 되나요?**

 **근골격계 질환자가 받는 추나요법은 가능합니다.**

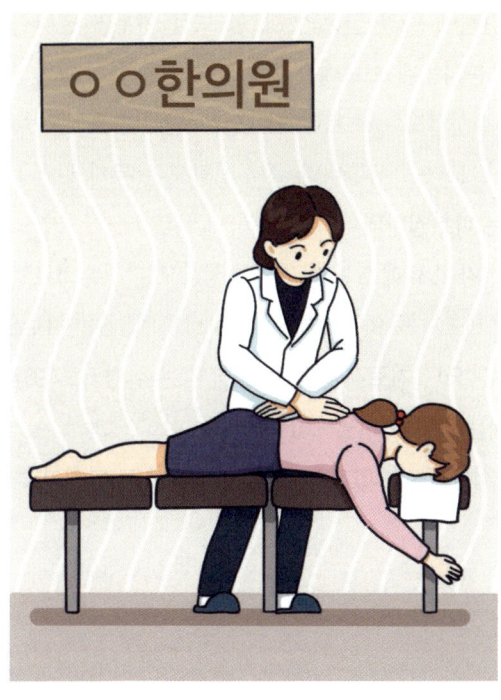

한의원 또는 한방병원에서 진행하는 추나요법은 수술하지 않고 한의사가 손 또는 신체 일부를 사용해 관절, 근육, 인대 등을 교정하는 치료입니다. 2019년 4월부터 근골격계 질환자가 받는 추나요법에 한해 건강보험혜택이 적용되어 실손의료보험 보상이 가능하지만 그 외 질환자의 추나치료는 비급여 치료이기 때문에 실손의료보험 보상이 안됩니다. 건강보험 적용 이전에는 한번 치료 받을 때마다 5만원~20만원으로 비용이 천차만별이었으나 근골격계 질환 추나치료는 건강보험 적용 이후 단순추나, 복잡추나, 특수추나 등 유형에 따라 약 1만원에서 3만원의 비용으로 치료 가능하며 연간 1인 20회까지 건강보험 적용이 가능합니다.

근골격계 질환에 대해서만 건강보험 적용이 이루어졌기 때문에 근골격계 질환이 아닌 두통치료를 위한 '두개 천골 추나'와 요통환자를 위한 '내장기 추나' 등은 실손의료보험 적용 대상이 아닙니다.

**Q 탈모도 실손의료보험 보상이 되나요?**

**A 스트레스성 탈모, 지루성 탈모는 보상 가능합니다.**

탈모질환은 미용목적인지, 치료목적인지에 따라 실손의료보험 보상 여부가 달라질 수 있습니다. 탈모는 크게 네가지로 구분되는데 스트레스성탈모, 지루성탈모, 노화성탈모, 유전적탈모가 있습니다. 스트레스성탈모는 스트레스로 인해 신체의 호르몬 불균형이 발생하면 모발의 성장과 함께 탈모가 발생합니다. 지루성탈모는 두피에 염증이 나는 두피염이 심해지면서 나타나는 피부질환입니다.

유전적탈모, 노화성탈모를 제외한 나머지 스트레스성탈모, 지루성탈모는 실손의료보험 적용 대상입니다. 탈모 보상은 질병코드가 중요합니다. 유전적 탈모인 L64(안드로젠 탈모증) 코드는 보상이 이루어지지 않으니 치료시 본인 증상에 맞는 질병코드(L63 원형탈모증, L65휴지기탈모)가 적용됐는지 확인이 필요합니다.

또한 갑상선 항진으로 인한 탈모는 보상 받을 수 있지만 한의원, 탈모 클리닉센터 등에서의 치료는 보장 받을 수 없습니다.

"당신의 보험금을 지켜주는 착한 레시피" **보험금 전쟁에 대비하라**

 MD크림(피부 창상피복재) 실손의료보험 보상이 되나요?

 치료목적이라면 보상받을 수 있습니다.

아토피피부염이나 건선환자 등에게 효과가 있어 엠디(Medical Device) 크림에 대한 관심도가 높아졌습니다. 엠디크림은 화상이나 건조한 피부 등 피부장벽이 손상된 부위에 피부의 보호를 위해 사용하는 치료재료(점착성투명창상피복재)로 2등급 의료기기에 해당하여 병원에서 의사의 처방을 받아야만 구매를 할 수 있습니다. 병원에서 처방받은 엠디크림은 의료비에 해당하여 실손의료보험 보상이 가능합니다.

엠디 크림이 고가인데 실손의료보험 보상이 이루어지다 보니 다량 구입에 의한 보험금 손실이 커졌고, 제로이드MD크림은 약사법에 따른 의약품이 아닌 의료기기법상 의료기기에 해당하며 약관에서 보상하는 통원비용은 의사가 주체가 되는 행위로부터 발생한 비용을 의미한다는 판례에 따라 보험회사의 보험금 지급 심사가 강화되었습니다. 보험회사별로 상세 지급조건은 차이가 있지만 진료확인서 상 병원에서 개봉하여 도포하였다는 문구가 포함되어야 하며 1회 통원당 1개, 월별 1개 등 개수 제한이 이루어지고 있어 보험금 청구에 주의가 필요합니다.

 주의

일반인이 의료기기(MD크림)를 개인간에 (중고)거래할 경우, 의료기기법 위반으로 처벌받을 수 있습니다.

**Q 자동차 사고도 실손의료보험 보상이 되나요?**

**A 보상 가능합니다.**

교통사고가 발생하면 우선 자동차보험을 이용하여 사고를 처리하게 됩니다. 이 때 내 과실비율만큼 삭감된 의료비에 대해서는 실손의료보험에서 보상받을 수 있습니다.
자동차보험 회사는 내 과실 비율에 해당하는 금액을 치료비에서 삭감해야 하지만, 이미 치료비를 병원에 지급을 했기 때문에 내가 받을 합의금에서 치료비 금액을 제하고 지급합니다.
즉, 내 과실분 만큼 합의금에서 차감된 의료비는 내가 병원에 지불한 의료비이기 때문에 삭감된 치료비의 40%는 내가 가입한 실손의료보험에서 보험금을 받을 수 있습니다.

**예시 >>>**

> 치료비 500만원, 과실비율 20%라면 실제 부담한 100만원의 40%인 40만원 청구가능

상해의료비의 경우에는 과실여부 상관없이 자동차 사고시 발생한 치료비의 50%를 보상받을 수 있습니다.
실손의료보험 청구시, 필요서류는 진료비 영수증/내역서와 합의금 산출내역서 입니다. 합의금 산출내역서를 확인하면 치료비 상계라는 항목에서 실제 부담한 치료비를 확인할 수 있습니다.
만약 내 과실이 100%라면 자동차보험이 아닌 건강보험으로 접수하셔서 치료 후 실손의료보험 청구도 가능합니다. 병원에서 거부시, '급여 제한 여부 조회서'를 담당기관에 보내달라고 요청하면 처리 가능합니다. 이 때에는 국민건강보험 처리를 받은 것이기 때문에 40%가 아닌 실손의료보험 보상 기준 그대로 보상이 됩니다.

"당신의 보험금을 지켜주는 착한 레시피" **보험금 전쟁에 대비하라**

## Q 응급실 비용도 실손의료보험 보상이 되나요?

## A 보상 가능합니다.

단, 2016년 1월 이후 계약자부터 비응급환자의 경우 예외(응급의료관리료)

응급실에서 진료를 받게 되면 일반진료비보다 비쌉니다. 응급실 진료시 비응급환자로 인한 응급실의 혼잡을 막기 위해 비응급환자가 상급종합 응급실을 방문한 경우 응급의료관리료가 별도로 부과되기 때문입니다. 상급종합병원의 응급관리료는 약 6만원 내외로 응급증상이 아닌 상태로 응급실을 방문하게 되면 환자 본인이 전액 부담해야 합니다.

응급실 비용도 실손의료보험에서 보상이 가능하지만, 2016년 1월 1일부터 비응급환자가 부담하는 상급종합병원 응급의료관리료는 실손의료보험에서 보상이 안됩니다. 상급종합병원이 아닌 이외 등급의 병원은 응급환자, 비응급환자 구분없이 보상이 가능합니다. 2021년 7월부터는 상급종합병원 뿐만 아니라 권역응급의료센터 응급관리료도 보상이 안됩니다. 응급의료관리료 보상만 안되고 응급의료관리료 이외 다른 의료비는 구분없이 보상이 가능합니다.

> **약관정보**
>
> **[보상하지 않는 사항]**
>
> **2016년 1월 ~ 2021년 6월 가입자**
>
> [응급의료에 관한 법률] 및 동 시행규칙에서 정한 응급환자에 해당하지 않는 자가 [의료법]제3조의 4에 따른 **상급종합원** 응급실을 이용하면서 발생한 응급의료관리료

> **약관정보**
>
> **[보상하지 않는 사항]**
>
> **2021년 7월 이후 가입자**
>
> [응급의료에 관한 법률] 및 동 시행규칙에서 정한 응급환자에 해당하지 않는 자가 동법 제26조에 따른 **권역응급의료센터** 또는 [의료법]제3조의 4에 따른 **상급종합병원** 응급실을 이용하면서 발생한 응급의료관리료로써 전액 본인부담금에 해당하는 의료비

- ~ 2015년 12월 가입자 : 응급, 비응급 환자 및 병원등급 구분없이 모든 비용 보상
- 2016년 1월 ~ 2021년 6월 : 비응급환자의 상급종합병원 응급의료관리료 보상 불가
- 2021년 7월 ~ : 비응급환자의 상급종합병원 및 권역응급의료센터 응급의료관리료 보상 불가

## 제5기 상급종합병원 지정 기관

| 진료권역 | 지 정 기 관 명 *가나다순 |
|---|---|
| 서울권<br>(14개) | 강북삼성병원, 건국대학교병원, 경희대학교병원,<br>고려대학교의과대학부속구로병원, 삼성서울병원,<br>서울대학교병원, 연세대학교의과대학강남세브란스병원,<br>연세대학교의과대학세브란스병원, 이화여자대학교의과대학부속목동병원,<br>재단법인아산사회복지재단서울아산병원, 중앙대학교병원,<br>학교법인고려중앙학원고려대학교의과대학부속병원(안암병원),<br>학교법인가톨릭학원가톨릭대학교서울성모병원, 한양대학교병원 |
| 경기<br>서북부권(4개) | 가톨릭대학교인천성모병원, 순천향대학교부속부천병원,<br>의료법인길의료재단길병원, 인하대학교의과대학부속병원 |
| 경기<br>남부권(5개) | 가톨릭대학교성빈센트병원, 고려대학교의과대학부속안산병원,<br>분당서울대학교병원, 아주대학교병원, 한림대학교성심병원 |
| 강원권(2개) | 강릉아산병원, 연세대학교원주세브란스기독병원 |
| 충북권(1개) | 충북대학교병원 |
| 충남권(3개) | 단국대학교의과대학부속병원, 충남대학교병원,<br>학교법인건양교육재단건양대학교병원 |
| 전북권(2개) | 원광대학교병원, 전북대학교병원 |
| 전남권(3개) | 전남대학교병원, 조선대학교병원, 화순전남대학교병원 |
| 경북권(5개) | 경북대학교병원, 계명대학교동산병원, 대구가톨릭대학교병원,<br>영남대학교병원, 칠곡경북대학교병원 |
| 경남동부권<br>(6개) | 고신대학교복음병원, 동아대학교병원, 부산대학교병원, 양산부산대학교병원,<br>인제대학교부산백병원, 학교법인울산공업학원울산대학교병원 |
| 경남서부권<br>(2개) | 경상국립대학교병원, 학교법인성균관대학삼성창원병원 |
| 전 국 | 총 47개 |

"당신의 보험금을 지켜주는 착한 레시피" 보험금 전쟁에 대비하라

**Q** 다친 후 계속 치료를 받는 중에 365일이 넘어서 입원치료시, 실손의료보험 보상이 되나요?

**A** 2016년 1월 이전 가입자는 보상이 안됩니다.

실손의료보험 보상기준은 입원의 경우 최초 입원일로부터 1년이 지나면 그 때부터 90일간은 보장이 이루어지지 않고, 이 기간이 지나면 다시 또 보장 받을 수 있습니다. 예를 들어 2014년 1월 1일부터 2014년 12월 31일까지 입원했다면 2015년 1월 1일부터 2015년 3월 31일까지 90일은 실손의료보험 보상이 안됩니다. 보상한도금액(5천만원)이 남았음에도 면책기간 규정에 따라 보상을 못받는 것입니다. 이런 문제점으로 2016년 1월 부터는 약관이 개정되어 보상이 가능합니다. 보상한도를 다 쓰기 전까지는 기간에 상관없이 계속 보상받을 수 있습니다. 예를 들어 실손입원의료비 5천만원 한도를 다 쓰지 않았다면 1년이 지나 입원치료를 받더라도 한도 내에서 보상이 가능합니다. 다만 보상한도인 5천만원이 모두 지급된 경우 90일간 보상이 되지 않습니다.

### 약관정보

**가입시기에 따른 보장담보 및 면책기간**

| 가입시기 | 보장담보 | 면책기간 |
|---|---|---|
| ~2009.10 | 질병 입원의료비 | 발병일로부터 365일보장 / 180일 면책 후 한도복원 (퇴원 이후 180일 경과 후 재입원하면 다시 365일 보상) |
| | 상해 입원의료비 | 사고일로부터 365일 보장 |
| | 일반상해의료비 | 사고일로부터 180일 보장 |

| 가입시기 | 보장담보 | 면책기간 |
|---|---|---|
| 2009.10 ~2015.12 | 질병 / 상해 입원의료비 | 입원일로부터 365일 보장 / 이후 90일 면책 |

⟨보상기간 예시⟩

| 가입시기 | 보장담보 | 면책기간 |
|---|---|---|
| 2016.01 ~2021.06 | 질병 / 상해 입원의료비 | 보장금액 소진시까지 보장기간 제한없음 / 보장금액 소진 시 90일 이후 면책<br>다만, 최초입원일로부터 보험가입금액을 다 보상받았다면, 최초 입원일부터 365일이 될 때까지는 보상 안됨 |

⟨보상기간 예시⟩

( i ) 최초입원일~보상한도종료일이 275일(365일~90일) 이상인 경우

| 가입시기 | 보장담보 | 면책기간 |
|---|---|---|
| 2021.07 ~ 현재 | 상해 / 질병 급여실손의료비<br>상해 / 질병 비급여실손의료비 | 면책기간 없음 / 주어진 한도 및 횟수를 소진 하였다면 다음해 계약일 다시 복원 |

⟨입원 및 통원 보상기간 예시⟩

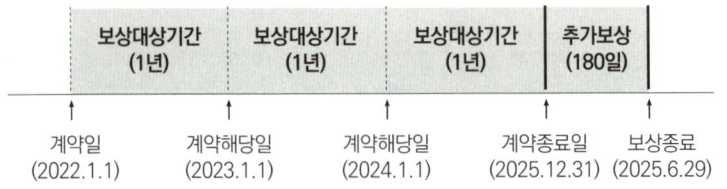

> "당신의 보험금을 지켜주는 착한 레시피" **보험금 전쟁에 대비하라**

**Q** 성형외과에서 한 유방재건술도 실손의료보험 보상이 되나요?

**A** 유방암환자의 유방복원술은 보상 가능합니다.

유방암 환자의 유방재건술(유방복원술, 유방확대술)은 성형외과에서 진행했다 하더라도 미용목적의 수술이 아니기 때문에 실손의료보험에서 보상이 가능합니다.

유방절제술을 시행한 유방암 치료환자들에게 예상되는 우울증이나 인체 비대칭으로 인한 합병증(척추측만증, 허리 통증 등)의 예방을 위해 유방재건은 치료를 위한 것으로 보아야 한다는 금융조정분쟁조정위원회 조정 결정(2012.9.25)에 따라 실손의료보험 보상이 가능하며, 2016년 1월부터 판매된 약관에는 해당 내용이 명시되어 있습니다.

**약관정보**

**[보상하지 않는 손해]**
아래 열거된 국민건강보험 비급여 대상으로 신체의 필수 기능개선 목적이 아닌 외모개선 목적으로 치료로 인하여 발생한 의료비

쌍꺼풀수술(이중검수술), 코성형수술(융비술), 유방확대(**다만, 유방암 환자의 유방재건술은 보상합니다.**)

**Q 보조기는 실손의료보험 보상이 되나요?**

**A 상해의료비 가입자만 보상 가능합니다.**

치료를 받다보면 병원에서 환자에게 치료목적으로 보조기를 사용하게 합니다. 목발을 사용하고, 디스크 치료 후 허리 복대를 착용하고, 휠체어, 보행용 보조기, 무릎보조기, 척추골절보조기, 스플린트 등 다양한 의료보조기구가 활용됩니다.

2009년 8월 이전 상해의료비 가입자는 의수, 의족, 의안, 의치 등 신체보조장구만 제외하고 모두 보상이 가능합니다. 신체보조장구와 의료보조기의 차이는 반영구적으로 신체에 이식이 되었는지 여부입니다.

2009년 10월 이전 상해, 질병 입통원의료비 가입자는 보조기 보상이 불가합니다. 의치, 의수족, 의안, 안경, 콘택트렌즈, 보청기, 보조기 등 진료재료의 구입 및 대체비용은 보상하지 않는 손해에 해당합니다.

2009년 10월 이후 실손의료보험 가입자 역시 의료보조기 보상이 불가합니다.

> **약관정보**
>
> **[보상하지 않는 손해]**
> 의치, 의수족, 의안, 안경, 콘택트렌즈, 보청기, 목발, 팔걸이, 보조기 등 진료재료의 구입 및 대체비용(다만, 인공장기나 부분 의치 등 신체에 이식되어 그 기능을 대신할 경우는 제외합니다.)

간혹 치료재료(예:band fixture 수술 중 다리를 압박해 지혈작용을 하도록 한 압박용 치료재료) 임에도 보조기로 분류되어 보험금이 지급되지 않는 경우가 있는데, 이 경우 요양기관 업무포털에서 치료재료대 코드를 조회할 수 있습니다.
(요양기관 업무포털 biz.hira.or.kr-심사기준종합서비스-치료재료대 정보)

## 예시 >>> 치료재료

압박고정용 치료재료(Band Fixture), 압박고정용 탄력반창고(PLIO), 압박고정용 탄력반창고(WA BAND)

## [ 보험상식 ]
### - 실손의료보험편 -

최초의 실손의료보험은 1963년 손해보험회사가 실손보장형 상해보험을 출시한 것이 효시입니다. 단체 실손의료보험도 판매되다가 누적적자가 심해지면서 판매가 중단되었지만 이후 2003년 10월에 손해보험회사와 생명보험회사가 현재의 공보험 보조형태의 실손의료보험을 판매하기 시작했는데 '의료비 담보특약'등의 명칭을 가진 특약형식으로 이루어졌습니다.

실손의료보험 특약 가입자의 지속적 증가와 함께 회사마다 조금씩 다른 보장내용으로 인한 소비자 혼란문제 등 관련 분쟁이 늘어나면서 표준약관 제정 필요성이 대두되었고 다양한 논의를 거쳐 2009년 9월 최초의 표준약관이 제정되었으며 보험 소비자의 이해를 돕기 위해 세대별 실손의료보험을 구분하였습니다.

**세대별 실손의료보험 표준약관의 구분**

① 제1세대 실손의료보험 : 2009.10월 이전 (표준화 이전)
② 제2세대 실손의료보험 : 2009.10월 이후 (표준화 이후)
③ 제3세대 실손의료보험 : 2017.4월 ~ 2021.6월
④ 제4세대 실손의료보험 : 2021.7월 ~ 현재

### - 세대별 갱신 및 재가입 주기

| 구 분 | | 갱신 및 재가입 주기 |
|---|---|---|
| 1세대(2009년 10월 이전) | | 3~5년 갱신형 / 80세~100세 만기 |
| 2세대 (2009년 10월 ~) | 2009년 10월 ~ 2013년 3월 | 3년 갱신 / 100세 만기 |
| | 2013년 4월 ~ 2017년 3월 | 1년 갱신 / 15년 재가입 |
| 3세대(2017년 4월 ~) | | 1년 갱신 / 15년 재가입 |
| 4세대(2021년 7월 ~) | | 1년 갱신 / 5년 재가입 |

갱신형 보험이란 일정주기마다 보험료가 변동되는 보험을 의미합니다. 이 때 보험료가 변동되는 일정주기를 갱신주기라고 하는데 실손의료보험은 대표적인 갱신형 보험으로 피보험자의 연령증가, 의료수가 상승, 손해율 변동 등에 따라 보험료가 변동될 수 있습니다. '갱신'의 경우 보험료는 변동될 수 있어도 갱신전 보험계약과 동일한 조건으로 계약이 체결되지만 보장내용이 변경될 수 있는 '재가입'과는 차이점이 있습니다.

'갱신'은 보험료 수준이 매년 변동될 수 있으나 보장내용은 변동하지 않는 반면, '재가입'은 표준약관 개정 등에 따라 보장내용이 변경될 수 있습니다. 더욱 중요한 차이점은 가입자가 별도의 의사표시를 하지 않아도 갱신은 자동으로 이루어지는 반면, 재가입의 경우 가입자가 보험회사에 별도로 청약을 신청해야 재가입이 가능하기 때문에 이점을 유의해야 합니다.

### - 세대별 보장범위 및 특징

| 구분 | | 가입한도 | 자기부담금 |
|---|---|---|---|
| 1세대 ('09년10월 이전) | | • 상품별로 상이 (3천만원/5천만원/1억원) | • 입원 0% (가입시기별 상이)<br>• 통원 5천원~1만원 공제 (가입시기별 상이) |
| 2세대 ('09년10월~) | '09.10 ~ '13.3 | • 입원 : 5천만원 | • 입원 : 10%<br>• 통원 : 병원등급별 공제 (1만/1.5만/2만원) |
| | '13.4 ~ '17.3 | • 통원 : 회당 25만원 (연간 180회)<br>• 약제 : 회당 5만원 (연간 180회) | 〈표준형〉<br>• 입원 : 20%<br>• 통원 : MAX(병원등급별 1만/1.5만/2만원, 20%)<br>※ 3세대 3대비급여 특약 : 30% |
| 3세대 ('17년4월~) | | • 입원 : 사고당 5천만원<br>• 통원 : 회당 25만원 (연간 180회)<br>• 약제 : 회당 5만원 (연간 180회) | 〈선택형〉<br>• 입원 : 급여 10%, 비급여 20%<br>• 통원 : MAX(병원등급별 1만/1.5만/2만원, 급여 10%/비급여 20%)<br>※ 3세대 3대비급여 특약 : 30% |

| 구분 | 가입한도 | 자기부담금 |
|---|---|---|
| 4세대 ('21년7월~) | 〈급여〉<br>• 입·통원 합산 : 연간 5천만원<br>• 통원 회당 20만원<br><br>〈비급여〉<br>• 입·통원 합산 : 연간 5천만원<br>• 통원 : 회당 20만원<br>　　　　(연간 100회) | 〈급여〉<br>• 입원 : 20%<br>• 통원 : MAX(병원등급별 1만/2만원, 20%)<br><br>〈비급여〉<br>• 입원 : 30%<br>• 통원 : MAX(병원별 3만원, 30%) |

1세대 실손의료보험은 특약형식의 의료비 담보 상품이 출시된 이후 표준약관이 제정되기까지 각 보험회사가 자율적으로 판매하던 상품을 말하는데 구 실손 또는 표준화 이전 실손의료보험이라고 합니다. 상해 입원·통원으로 분리해 특약을 가입하거나 '일반상해의료비' 특약으로 가입한 시기입니다.

상품에 따라 자기부담금 제도가 없거나 적기 때문에 본인 부담 없이 비급여 항목에 대해서도 전액 보상받을 수 있으므로 현행 실손의료보험 중 가장 본인 부담 없이 보상 받을 수 있는 장점이 있으나 그로 인해 갱신시 보험료 인상률이 가장 높다는 단점도 있습니다.

2세대 실손의료보험의 경우 보험가입금액 한도를 입원 5천만원, 통원 30만원으로 일원화하고 자기부담률 10% 제도를 도입하는 등 보험금 누수 방지 대책도 강구되었습니다. 가장 많은 실손의료보험 가입 비율을 나타내고 있으며, 가입 시점 조건으로 만기까지 보장을 받을 수 있는 장점이 있습니다. 하지만 2013년 4월 이후 가입자들은 15년 만기 재가입 약관을 적용 받기 때문에 같은 2세대 실손의료보험이라고 하더라도 재가입 내용을 숙지하고 있어야 합니다.

3세대 실손의료보험은 그간 실손의료보험의 운용상 문제점 등을 검토하여 실손의료보험구조를 개편하고 과잉진료 우려가 있거나 개인별 이용량 차이가 큰 도수·체외충격파·증식치료, 비급여주사제, 비급여MRI 등 3개 진료군을 구분하여 이를 특별약관에서 담보하는 형식으로 변경하여 가입자가 선택할 수 있도록 하였습니다.

4세대 실손의료보험은 비급여 과잉진료 문제 등으로 비급여 관리 필요성이 지속적으로 제기되자 요양급여는 보장대상을 확대하는 한편, 비급여에 대해서는 개인별 의료서비스 이용량에 따른 할인·할증제를 도입하고 자기부담률도 급여는 종전 10%에서 20%, 비급여는 종전 20%에서 30%로 각각 상향 조정하였습니다. 4세대 실손의료보험의 가장 큰 특징은 자동차보험처럼 이용한 만큼 보험료의 할인·할증을 적용해 비급여 부분에 대한 보험료 차등제가 적용되며 자기부담률을 인상하고, 재가입주기를 5년으로 줄이는 대신 보험료는 낮췄다는 장점이 있습니다.

### 시대별 실손의료보험 변천과정

| 1세대 | 2세대 | | | 3세대 | 4세대 |
|---|---|---|---|---|---|
| 2009.10.01 | 2013.01.01 | 2015.09.01 | 2017.04.01 | 2021.07.01 | |
| 100% 보장상품 (손보) / 80% 보장상품 (생보) | 90% 보장상품 | [표준형] 80% 보장상품 / [선택형] 90% 보장상품 | [표준형] 80% 보장상품 / [선택형] 급여 90% 비급여 80% | 급여 90% 비급여 80% 비급여 3종 70% | 급여 80% 비급여 70% 비급여 3종 70% |

− **4세대 실손의료보험으로 전환하는 게 좋을까요?**

병원을 자주 가거나 도수치료, 체외충격파치료 등 건강보험에서 보장해주지 않는 비급여 치료를 받을 일이 많다면 1,2세대 실손의료보험을 유지하는 것이 유리합니다. 특히 1세대 실손의료보험의 경우 치료비의 전액을 보장하고 비급여 진료를 의료비 부담 없이 보장받을 수 있습니다. 반대로 병원을 아예 가지 않거나 자주 가지 않는데 높은 보험료 납부에 대한 부담을 가지고 있다면 보험료가 저렴한 4세대 실손의료보험 상품이 유리할 수 있습니다.

40세 남성의 경우 1세대 실손의료보험을 유지하는 경우 월 보험료 40,749원, 4

세대 실손의료보험을 유지한다면 월 보험료 11,982원으로 1세대 실손의료보험료 대비 약 70.6%를 절감할 수 있고 1년에 약 35만원 정도 보험료를 줄일 수 있습니다.

**기존 실손의료보험과의 보험료 비교 예시**

기준 : 40세 남성, 월 보험료(원) / 손해보험 10개사 보험료 평균

| 상품종류 | 현행보험료 ('21.6월 기준) | 4세대 보험료 | 보험료 차이 (현행대비) |
|---|---|---|---|
| 1세대 [2009.10월 이전] | 40,749 | 11,982 | -28,767(70.6%↓) |
| 2세대 [2009.10~2017.03] | 24,738 | | -12,756(50.6%↓) |
| 3세대 [2017.04~2021.06] | 13,326 | | -1,345(10.1%↓) |

또한 습관성 유산, 불임, 인공수정 관련 합병증 등 급여에 해당하는 영역의 보상을 확대하였으며, 의료 쇼핑/과잉 진료로 많은 문제가 발생하는 비급여에 해당하는 의료비 지출에 따라 보험료를 할증 또는 할인 적용하는 차등제를 적용합니다.

자기부담금은 급여 20%, 비급여 30%까지 늘어났고, 도수치료 경우 10회시마다 병세가 완화 또는 호전 등 효과가 확인이 되는 경우에 한해서 연간 최대 50회 보상, 영양제/비타민 등 치료는 해당 질환을 치료하기 위한 목적에 부합하는 식약처의 허가내용, 약제의 효과, 의사의 소견서, 환자의 상태 및 검사결과지 등 복합적인 확인을 통해 보상이 가능합니다. 또한 5년마다 재가입을 하게 됨으로써 재가입 시점에서 판매하고 있는 실손의료보험으로 재가입해야 하며, 비급여 치료가 많은 분들은 최대 300%까지 보험료 할증이 적용될 수 있습니다.

이처럼 실손의료보험 전환시 보험료가 저렴하다고 해서 무조건 해당 상품이 유리하다고 할 수 없습니다. 따라서 4세대 실손의료보험으로 전환할지 말지 여부는 병원 이용량이나 질병 등 본인 상황에 맞는 합리적인 선택 기준을 정할 필요

가 있습니다. 단순히 보험료가 싸다, 비싸다의 비용적인 부분뿐만 아니라 현재 스스로가 처한 상황에서 더 유리한 쪽이 어디인지 고민하고 결정해야 합니다.

**– 실손의료보험 전환 상품 가입 프로세스**

어린이(태아)보험 편

| **Q** | 선천질환 수술은 태아보험에서 보상이 되나요? |

| **A** | 보상 가능합니다. |

선천질환은 태어날 때부터 몸에 가지고 있는 병을 말합니다. 태아보험의 경우 피보험자는 태아 그 자체가 아니라 출생 후 신생아이므로 태아보험의 보장은 일반적인 보험과 달리 보험가입 시점이 아니라 태아의 출생 직후부터 시작됩니다. 즉, 아이가 선천질환을 가지고 태어났다고 하더라도 보험 가입 이후 발생한 질병이나 상해에 해당한다고 보아 보험회사는 보험금을 지급해야 합니다.

**[선천성 기형, 변형 및 염색체 이상 분류표]**

| 대상이 되는 질병 | 분류번호 |
| --- | --- |
| 1. 신경계통의 선천기형 | Q00 ~ Q07 |
| 2. 눈, 귀, 얼굴 및 목의 선천기형 | Q10 ~ Q18 |
| 3. 순환계통의 선천기형 | Q20 ~ Q28 |
| 4. 호흡계통의 선천기형 | Q30 ~ Q34 |
| 5. 구순열 및 구개열 | Q35 ~ Q37 |
| 6. 소화계통의 기타 선천기형 | Q38 ~ Q45 |
| 7. 생식 기관의 선천기형 | Q50 ~ Q56 |
| 8. 비뇨계통의 선천기형 | Q60 ~ Q64 |
| 9. 근골격계통의 선천기형 및 변형 | Q65 ~ Q79 |
| 10. 기타 선천기형 | Q80 ~ Q89 |
| 11. 달리 분류되지 않은 염색체 이상 | Q90 ~ Q99 |

태어나기 전에 실손의료보험을 가입했다면 선천성 질환의 진단을 받고 치료를 받았을 때 발생한 비용도 보험금 지급 가능합니다. 다만 가입시점에 약관 내용이 다를 수 있으니 약관을 반드시 확인해야 합니다. 실손의료보험 약관상 보험금을 지급하지 않는 사유를 보면, 선천성 뇌질환(Q00~Q04)의 경우 피보험자가 보험 가입 당시 태아

인 경우에만 보상 받을 수 있기 때문입니다.

**약관정보**

**[보험금을 지급하지 않는 사유]**

회사는 '한국표준질병사인분류'에 따른 다음의 의료비에 대해서는 보상하지 않는다.

1. 정신 및 행동장애(F04~F99)
   다만, F04~F09, F20~F29, F30~F39, F40~F48, F51, F90~F98과 관련한 치료에서 발생한 「국민건강보험법」에 따른 요양급여에 해당하는 의료비는 보상받을 수 있다.
2. 여성생식기의 비염증성 장애로 인한 습관성 유산, 불임 및 인공수정관련 합병증(N96~N98)으로 발생한 의료비 중 전액본인부담금 및 보험가입일로부터 2년 이내에 발생한 의료비
3. 피보험자가 임신, 출산(제왕절개 포함), 산후기로 입원 또는 통원 한 경우(O00~O99)
4. **선천성 뇌질환(Q00~Q04). 다만, 피보험자가 보험가입당시 태아인 경우에는 보상 받을 수 있다.**
5. 요실금(N39.3, N39.4, R32)

## Q 화염상모반 레이저수술 보상이 되나요?

## A 보상 받을 수 있습니다.

화염상모반은 불꽃처럼 이글거리는 모양을 닮은 반점(모반)이라 하여 붙여진 명칭으로 혈관성 모반의 한 종류입니다. 대부분 선천적으로 발생하지만 후천적인 경우도 있고 출생 직후에는 희미하게 보이다가 성장하면서 점차 뚜렷해지는 경향이 있습니다. 그리고 모반 특성상 성장에 따라 점점 부위가 확장될 수 있습니다. 화염상모반은 자연적으로 없어지지 않기에 수차례에 걸친 레이저 치료를 요합니다.

다소 긴 치료기간과 수차례에 걸친 반복 치료도 부담이지만, 레이저 치료는 건강보험 비급여 대상이라 치료비용 또한 부담이 될 수 있습니다. 그런데다 실손의료보험 약관상 주근깨, 다모, 무모, 백모증, 딸기코(주사비), 점, 모반, 사마귀, 여드름, 노화현상으로 인한 탈모 등의 치료는 보상하지 않는 항목으로 분류되어 보험금 지급을 거절하는 사례가 많았습니다.

금융분쟁조정위원회는 선천성 질환의 일종인 '화염상모반' 치료를 위해 시행 받은 혈관레이저수술에 대하여 수술보험금 전액을 지급하라는 조정결정을 내렸지만 보험회사는 레이저수술이 보험약관에서 정하고 있는 수술에 해당되지 않는다며 수술보험금의 지급을 거절하였습니다. 그러나 금융분쟁조정위원회는 화염상 모반에 대한 근본적인 치료를 위해 혈관레이저수술이 필요하다고 안정하였고, 담당의사의 관리하에 Vbeam레이저를 사용하여 치료하였다는 소견을 밝히고 있는바, 비정상적인 신체부위 제거를 위한 절단(切斷), 적제(摘除)와 같은 치료행위라고 보아 수술의 범주에 포함되는 것으로 판단하였습니다.

또한 금융감독원은 "화염상모반에 대해서는 전통적인 외과 수술은 아니지만 의학계에서 인정되고 있는 첨단 수술 기법(신의료기술평가위원회 치료 인정)으로 인정되기 때문에 보험계약자 등에게 선천질환수술금을 지급하라"는 취지로 발표하였습니다.

다만 2016.01.01 이후 가입한 실손의료보험과 어린이(태아)보험은 출생 후 가입했을 경우 보험금 지급이 불가합니다.

> **약관정보**
>
> 회사는 「국민건강보험 요양급여의 기준에 관한 규칙」 제9조 제1항([별표2] 비급여대상)에 따른 아래 각호의 비급여 의료비에 대해서는 보상하지 않는다.
>
> 1. 다음 각 목의 질환으로서 업무 또는 일상생활에 지장이 없는 경우에 실시 또는 사용되는 치료로 인하여 발생한 비급여 의료비
>
> 가. 단순한 피로 또는 권태
>
> 나. 주근깨, 다모, 무모, 백모증, 딸기코(주사비), 점, **모반(피보험자가 보험가입당시 태아인 경우 화염상모반 등 선천성 비신생물성모반(Q82.5)은 보상한다)**, 사마귀, 여드름, 노화현상으로 인한 탈모 등 피부질환
>
> 다. 발기부전(impotence) · 불감증
>
> 라. 단순 코골음(수면무호흡증(G47.3)은 보상한다)
>
> 마. 치료를 동반하지 않는 단순포경(phimosis)
>
> 바. 검열반 등 안과질환
>
> 사. 그 밖에 일상생활에 지장이 없는 경우로 국민건강보험 비급여 대상에 해당하는 치료

**Q** 선천성 난청, 보상이 되나요?

**A** 보상 가능합니다.

선천성 난청은 출생 때부터 청력 손실이 있는 경우입니다. 유전적 원인과 임신 초기의 풍진이나 바이러스 감염, 약물중독, 그리고 분만시 물리적 손상 등으로 발생합니다. 다음과 같은 증상이 나타날 때 선천성 난청일 가능성이 높습니다.
① 커다란 소리에 반응을 보이지 않는다.
② 생후 6주경에 목구멍을 울리며 가르랑거리는 소리가 나지 않는다.
③ 3개월경이 되어도 옹알이를 하지 않는다.

선천성 난청의 경우 보험금을 청구할 때 원인, 청력 소실의 정도, 국가 장애인 진단여부, 의사의 영구장해 진단여부에 따라 보험금 지급 여부가 결정됩니다. 만약 인공 와우수술을 진행한 경우라면 수술 이후 청력검사결과에 따라 영구장해로 인정할 것인지에 따라 보험금 지급 여부가 결정됩니다.
출생 이전 어린이(태아)보험을 가입한 경우 선천성 난청의 진단 및 치료 비용에 대하여 실손의료보험 보상을 받을 수 있으며, 난청의 치료를 위해 인공와우이식술을 진행했다면 고가의 수술비 역시 보상 가능합니다. 보청기의 경우 실손의료보험금 지급 대상은 아니지만 신체에 이식되어 그 기능을 대신하는 경우 보상 받을 수 있습니다. 예로 인공 장기 등 신체에 이식되어 그 기능을 대신하는 경우 보상을 받게 됩니다. 하지만 의치, 의수족, 의안, 안경, 콘택트렌즈, 보청기, 목발, 팔걸이(Arm Sling), 보조기 등 진료 재료의 구입 및 대체 비용 등은 보상이 되지 않습니다.
실손의료보험 보상 담보 외 인공와우이식수술비, 선천이상수술비, 장해출생담보에 해당될 수 있습니다. 다만 장해출생보장 담보의 경우 외이도 폐쇄증(외이도가 태어나면서 폐쇄한 상태)이 있는 경우에 보상 가능하니 해당 약관을 참고해야 합니다.

또한 순음청력검사 결과 평균순음역치가 80dB 이상인 경우(귀에다 대고 말하지 않고는 큰소리를 알아듣지 못하는 경우) 약관에서는 두 귀의 청력을 완전히 잃었다고 판단해 심한 장해로 평가하고 있습니다. 이는 질병후유장해 80% 이상으로 보험금 지급 대상에 해당합니다.

청력장해는 순음청력검사 결과에 따라 데시벨(dB : decibel)로써 표시하고 3회 이상 청력검사를 실시한 후 적용합니다. 다만, 각 측정치의 결과값 차이가 ±10dB 이상인 경우 청성뇌간반응검사(ABR)를 통해 객관적인 장해 상태를 재평가하여야 합니다.

**Q** 혀유착증, 수술보험금 받을 수 있나요?

**A** 보상 가능합니다.

선천이상질환 중 가장 흔한 질환인 혀유착증(설소대 단축증)은 혀의 아랫면과 입의 바닥(구강저)를 연결하는 막인 설소대가 짧아 혀의 운동이 제한되는 것입니다. 정확한 원인이 밝혀져 있지 않지만 임신 중 태아의 발육에 영향을 미치는 인자가 어떤 식으로 작용한 것으로 추정하고 있습니다.

혀의 운동을 제한하여 발음장애를 유발하고 신생아 같은 경우에는 수유의 문제가 발생하여 아이가 잘 먹지 못하며 영양 불균형 등 이차적인 질병을 초래할 수도 있습니다.

혀유착증에 대한 치료는 간단한 수술로 가능합니다. 아기의 설소대 부분을 잘라주는 수술인데 간단한 수술인 만큼 치료비가 적게 나오기 때문에 대부분의 부모들은 이를 수술로 인지하지 못하고 보험금 청구를 하지 않는 경우가 많습니다.

혀유착증의 빈도수가 높아서 최근 판매하는 어린이(태아)보험에서는 혀유착증을 보장에서 제외하는 상품도 많습니다. 비교적 간단하고 저렴한 수술이라도 선천이상수술비를 가입했다면 보험가입자의 당연한 권리를 챙기시기 바랍니다.

### 약관정보

| '다발성선천이상'에 해당하는 질병 | 분류번호 |
| --- | --- |
| 1. 혀유착증 | Q38.1 |
| 2. 대설증 | Q38.2 |
| 3. 기타혀기형 | Q38.3 |
| 4. 선천성 비신생물성 모반 | Q82.5 |
| 5. 부이개 | Q17.0 |
| 6. 선천성 음낭수종 | P83.5 |
| 7. 피부의 기타 선천기형 | Q82.8 |

# [ 보험상식 ]
## - 어린이(태아)보험편 -

◎ **어린이(태아)보험 가입시 주의사항**

최근 산모의 평균연령 고령화 및 환경적 요인들로 인한 저체중아, 선천성이상아 출산 확률이 높아지고 있으며 산모와 태아의 건강상 문제가 발생할 확률도 높아지고 있기 때문에 만일의 위험에 대비해 출생 전 어린이(태아)보험을 가입하는 경우가 많습니다.

태아보험이란 출산하면서 발생할 수 있는 아이의 질병, 상해에 대한 보장을 받기 위해 태아관련특약(선천성 이상, 저체중아 인큐베이터, 주산기 질환 등)을 넣고 가입하는 보험을 말하며, 법규 상 '태아보험'이라는 별도의 상품은 없으나 어린이보험에 태아가입특약이 첨부되어 출생 전 태아 상태에서 보험가입이 가능한 상품으로 실무적으로 '태아보험'이라 칭합니다.

태아보험은 가입 시기를 잘 선택해야 합니다. 임신 중 태아보험 가입은 임신 초기, 중기, 후기 모두 가능합니다. 그러나 가입시기 및 산모의 건강상태에 따라 보장이 제한 될 수 있기 때문에 일반적으로 손해보험회사의 경우 임신 직후부터 22주~23주 내에 가입해야 하며, 생명보험회사는 임신 16주부터 22주~23주 내에 가입해야 합니다(회사마다 상이할 수 있음). 이후에도 보험 가입은 가능하지만 태아 특약에 가입할 수 없으므로 태아보험 가입을 희망한다면 해당 기간 내에 가입할 수 있도록 미리 준비해야 합니다. 다만 인공수정, 시험관아기, 다둥이, 유산 방지 주사 투여 등 산모와 태아의 상태에 따라 가입 시기가 달라질 수 있음에 유의해야 합니다. 따라서 앞으로 태어날 자녀의 선천성질병보장 등 폭넓은 보장을 준비하고자 하는 부모는 태아보험을 가급적 임신 초기에 가입하는 것이 유리합니다.

또한 태아보험 및 어린이보험 상품을 선택할 때 질병이나 암, 재해, 골절, 상해, 학원폭력 등 각종 위험을 종합적으로 보장하고 어린이에게 자주 발생하는 질병, 재해에 대해 보장이 되는 상품으로 선택하는 것이 좋으며 소아암, 백혈병 등 고액의 치료비가 들어가는 보장은 보장금액을 크게 가입하는 것이 좋습니다. 현재 판매되고 있는 상품은 순수보장형과 만기환급형이 있는데 순수보장형은 만기 시 보험료가 환급이 되지는 않지만 저렴하기 때문에 자녀가 두 명 이상이거나, 보험료가 부담이 되는 경우에는 순수보장형으로 보험료의 부담을 줄이는 것이 좋습니다. 만기환급형과 순수보장형의 보험료 차이가 많이 난다면 순수보장형으로 가입하는 것을 추천합니다.

태아보험은 우리 아이의 첫 보험입니다. 뜻하지 않은 질병이나 사고로 인해 어려움을 겪고 있었을 때 약관에 부합하는 보험금을 제대로 받을 수 있도록 관리해주는 설계사를 선택하는 것이 가장 중요합니다. 우리 아이 첫 보험 선택에 있어 사은품이나 선물 크기로 보험을 선택하는 실수를 범하지 말았으면 합니다.

 보험업법(제98조)상 가입자에게 연간 납입보험료의 10분의 1 또는 20만원 이상의 사은품을 제공하는 설계사는 벌금형에 처하며 업무 정지나 등록 취소 징계를 받게 됩니다.

[보험회사별 태아보험 가입시기]

| 생명보험사 | | 손해보험사 | |
|---|---|---|---|
| 회사명 | 가입시기 | 회사명 | 가입시기 |
| 동양생명보험 | 22주이내 | 현대해상보험 | 22주 6일이내 |
| KB라이프생명 | 16주~22주이내 | 삼성화재보험 | 22주이내 |
| 우체국 | 16주~22주이내 | DB손해보험 | 22주이내 |
| 농협생명 | 16주~22주이내 | 메리츠화재보험 | 22주이내 |
| 삼성생명 | 23주이내 | KB손해보험 | 22주이내 |
| 한화생명 | 16주~22주이내 | 롯데손해보험 | 21주이내 |

※ 보험회사마다 가입 시기가 다를 수 있으니 사전 문의해보세요.

**계약전후** 편

**Q** 직업이 변경되면 보험회사에 알려야 하나요?

**A** 보험회사에 알려야 합니다.

보험약관에는 직업, 직무, 운전 여부 등 직업상 위험률이 증가하거나 감소하면 보험회사에 알려야 한다고 명시되어 있습니다. 보험회사에 변경 통지를 하지 않은 경우 보험회사는 그 사실을 안 날로부터 1개월 내에 보험 계약을 해지 할 수 있으며, 직업 변경 상태를 알리지 않은 상태에서 업무 중 사고가 발생하는 경우, 변경 전/후 보험료 비율에 따라 보험금이 삭감 지급되며, 보험 계약이 해지되는 사례도 꾸준히 증가하고 있습니다.

이는 상법 제 652조와 제 653조에 근거를 두고 있습니다.

> ☑ **상법 제652조 : 위험변경증가의 통지와 계약해지**
> ① 보험기간 중에 보험계약자 또는 피보험자가 사고발생의 위험이 현저하게 변경 또는 증가된 사실을 안때에는 지체없이 보험자에게 통지하여야 한다. 이를 해태한 때에는 보험자는 그 사실을 안 날로부터 1월내에 한하여 계약을 해지할 수 있다.
> ② 보험자가 제1항의 위험변경증가의 통지를 받은 때에는 1월내에 보험료의 증액을 청구하거나 계약을 해지할 수 있다.
>
> ☑ **상법 제653조 : 보험계약자 등의 고의나 중과실로 인한 위험증가와 계약해지**
> 보험기간 중에 보험계약자, 피보험자 또는 보험수익자의 고의 또는 중대한 과실로 인하여 사고 발생의 위험이 현저하게 변경 또는 증가된 때에는 보험자는 그 사실을 안 날부터 1월내에 보험료의 증액을 청구하거나 계약을 해지할 수 있다.

예를 들어 사고 위험이 낮은 사무직으로 근무하다가 공사장 현장 또는 운전을 하는 직업으로 변경되었을 경우, 상해보험 보험료가 올라가거나 정산금액의 추가 납입이 필요할 수 있습니다.

만약 변경 사항을 알리지 않고 업무 중 사고가 발생했을 경우에는 예정된 보험금보다 적게 지급하거나 사인에 따라 보험계약이 해지될 수도 있습니다. 반대로 피보험자의 직업·직무 변경 등으로 위험이 감소한 경우라면 보험료를 감액하고 정산금액을 환급 받을 수 있습니다.

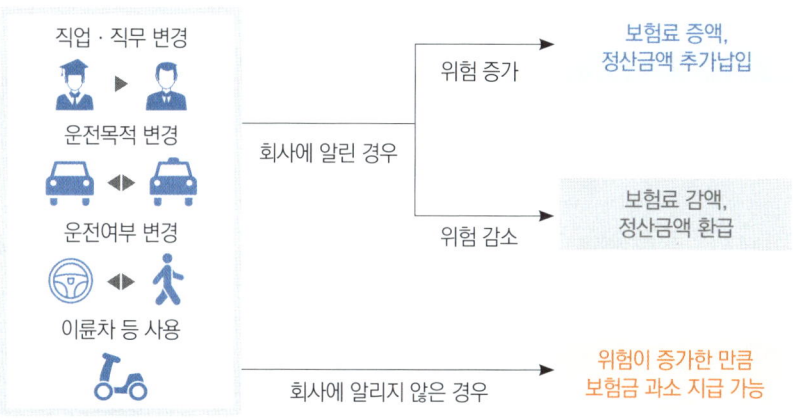

단, 가입한 모든 보험상품이 직업·직무가 변경 됐다고 보험회사에 알려야 하는건 아닙니다.

보험약관에 "계약 후 알릴의무" 조항이 있는 상품을 가입한 가입자에 한해서 직업·직무 고지의무가 있습니다. 실손의료보험, 상해보험, 운전자보험, 건강보험 등이 대표적인 "계약 후 알릴의무" 조항이 있는 상품입니다.

직업, 직무, 운전 여부 등 위험률이 변경되었다면, 꼭 보험증권에 직업 변경 여부를 확인해야 합니다.

간혹 보험 설계사에게 변경된 내용을 고지했지만 실제 보험회사에 반영되지 않아 피해보는 사례가 있습니다. 보험 설계사는 보험계약을 중개하는 사람에 불과하여 보험회사에 대리하여 통지를 수령할 권한이 없으므로 직업·직무 변경사실을 보험 설계사에게 알렸다고 하더라도 법적 효력이 없습니다.

따라서 직업·직무의 변경내용은 보험 설계사가 아닌 보험회사에 알리도록 유의하여야 합니다.

하지만 내가 가입한 보험이 직업·직무 변경시 고지해야 하는 약관을 적용 받는지는 보험 설계사를 통해서도 알 수 있으니 직업·직무 변경시 담당설계사와 충분한 상담을 통해 보험금 수령시 불이익 없도록 하시기 바랍니다.

## Q 보험가입시 자필서명을 해야 보장이 되나요?

## A 네, 자필서명은 필수입니다.

보험 계약을 체결할 때 청약서에 서면에 의한 자필서명을 하도록 규정하고 있으며 이는 보험계약에 있어 가장 기본이 되는 절차입니다. 이때 본인을 위한 계약이든, 타인을 위한 계약이든 사망을 담보로 하고 있다면 피보험자의 서명이 있어야 유효한 계약으로 인정받을 수 있습니다.

간혹 계약 전 알릴 의무 사항에 대한 질문에 기재를 하고 서명은 설계사가 한다거나 또는 계약자와 피보험자가 다른 경우, 피보험자의 서명을 계약자가 대신(미성년자 제외)하는 행동은 절대 해서는 안됩니다.

사망 담보가 있는 보험계약의 경우 상법 제731조에서는 '타인의 사망을 보험사고로 하는 보험계약은 보험계약 체결 시 그 타인의 서면(전자문서 포함)에 의한 동의를 얻어야 한다'고 규정되어 있습니다. 이는 특약에 따라 변경할 수 없는 강행규정으로 피보험자 사망을 보험금 지급 사유로 하는 보험에 있어 계약 체결 이전에 피보험자의 자필 서명이 이루어지지 않았다면 해당 보험계약은 무효로 봅니다.

'무효'란 원래부터 없었던 것으로 되돌려서 소멸시키는 것을 말합니다.
피보험자의 자필 서명 부재를 이유로 보험계약이 무효가 되면 계약자는 상법 제648조에 따라 보험회사에 납입한 보험료 전부를 반환 청구할 수 있습니다. 이 때 계약에 의한 법률 효과 자체가 사라지는 것이기 때문에 피보험자의 사망에 따른 보험금은 받을 수 없습니다.

보험자필서명 미이행에 대한 불이익을 주는 이유는 본인이 아닌 제3자를 피보험자로 하면서 사망을 담보로 하는 계약을 체결하면 이를 보험범죄의 수단으로 악용할 수 있기에 이러한 규정을 둔 것입니다. 도덕적 위험을 차단하기 위함이라 볼 수 있습니다.

**보험계약 무효 사유**
- 자필서명 미이행
- 15세 미만자, 심신상실자, 심신박약자의 사망을 보장하는 계약

**법률정보**

**(상법 제731조) 타인의 생명의 보험**
① 타인의 사망을 보험사고로 하는 보험계약에는 보험계약 체결시에 그 타인의 서면에 의한 동의를 얻어야 한다.

**(상법 제732조) 15세 미만자 등에 대한 계약의 금지**
① 15세 미만자, 심신상실자 또는 심신박약자의 사망을 보험사고로 한 보험계약은 무효로 한다.

> **Q** 설계사에게 고지의무를 전달했음에도 고지의무 위반 통보를 받았습니다.

> **A** 보험 설계사는 고지 의무 수령권이 없습니다.

보험계약자 입장에서 보험 설계사에게 고지하면 보험회사에 당연히 알려지는 것으로 착각하는 분들이 의외로 많고, 이런 점 때문에 피해를 입는 소비자들도 많은 것이 사실입니다.

보험 설계사에게 중요 사실을 고지한다 하더라도 설계사가 고지 내용을 누락할 경우 보험계약자는 고지위무를 위반한 것이 됩니다. 따라서 보험계약을 체결할 때에는 보험계약자가 직접 청약서 질문서를 확인하고 동시에 자필서명까지 해야합니다.

보험 설계사에게 고지하였으나 이를 설계사가 누락하거나 설계사가 임의대로 고지하여 보험계약을 체결해 보험계약자에게 손해를 입힌 경우에는 보험업법에 따라 보험회사는 보험계약자에게 손해를 배상할 책임이 있습니다.

단, 중요한 사실을 고지하였음을 보험계약자가 증명하여 설계사의 과실로 고지의무를 다하지 못하였다는 주장을 통해 보험회사를 상대로 손해배상을 청구할 수 있습니다.

> **약관정보**
>
> - 계약자 또는 피보험자는 보험계약을 청약할 때 **청약서의 질문사항(중요사항)**에 대하여 **사실대로 기재**하고 **자필서명**(전자서명 포함)을 하셔야 합니다.
> ① 청약서의 질문사항에 대하여 **보험 설계사**에게만 구두로 알렸을 경우 **계약 전 알릴의무를 이행한 것으로 볼 수 없습니다.**
> ② **전화 등 통신수단을 통한 보험계약의 경우 보험회사 상담원의 질문이 청약서의 질문사항을 대신**하므로 상담원의 질문에 사실대로 답변하여야 합니다.
>
>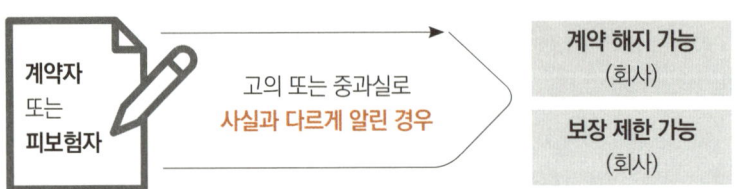
>
> - 알릴의무 위반시 효과 : 회사가 별도로 정한 방법에 따라 **계약을 해지하거나 보험금 지급이 제한**될 수 있습니다.

"당신의 보험금을 지켜주는 착한 레시피" **보험금 전쟁에 대비하라**

 **처방약을 복용하지 않아도 고지대상인가요?**

 **처방 받은 사실을 기준으로 고지해야 합니다.**

보험 가입할 때 질문표(계약 전 알릴 의무 사항)에는 최근 5년 이내 의사로부터 진찰 또는 검사를 통하여 다음과 같은 의료행위를 받은 사실을 묻는 질문에 '계속하여 7일 이상 치료'와 '계속하여 30일 이상 투약'이라는 내용이 있습니다.

여기서 '계속하여'란 같은 질병 또는 상해로 진료 받은 이력으로 연속적인 7일 이상의 치료를 물어보는 것이 아니라 동일한 원인으로 합산한 치료 이력이 7일 이상인지 여부를 묻는 것입니다.

투약 처방도 마찬가지로 한 번에 30일 이상 처방 받은 내용을 묻는 것이 아니라 동일한 원인으로 5년 이내 처방 받은 투약 일수의 합산일을 묻는 것입니다. 약을 처방 받았으나 건강상 이상이 없다고 생각되어 먹지 않았다 할지라도 처방을 받은 사실만으로 고지 대상에 해당합니다. 약의 복용 여부와 관계 없이 처방 사실이 있으면 고지해야 합니다.

---

최근 **5년** 이내에 의사로부터 진찰 또는 검사를 통하여 다음과 같은 **의료행위**를 받은 사실이 있습니까?
☐ 입원  ☐ 수술(제왕절개포함)  ☐ 계속하여 7일 이상 치료  ☐ 계속하여 30일 이상 투약
※ 여기서 '계속하여'란 같은 원인으로 치료 시작후 완료일까지 실제 치료, 투약 받은 일수를 말합니다.

---

최근 **5년** 이내에 아래 **10대 질병**으로 의사로부터 진찰 또는 검사를 통하여 다음과 같은 **의료행위**를 받은 사실이 있습니까?
☐ 입원      ☐ 백혈병    ☐ 고혈압            ☐ 협심증            ☐ 심근경색
☐ 간경화증  ☐ 당뇨병    ☐ 뇌졸중증(뇌출혈, 뇌경색)  ☐ 에이즈(AIDS), HIV보균  ☐ 심근경색
☐ 직장 또는 항문 관련 질환(치질, 치루(누공), 치열(찢어짐), 항문 농양(고름집), 직장 또는 항문탈출, 항문출혈, 항문궤양) → 실손의료비 가입시에만 해당되는 고지사항임
☐ 질병확정진단  ☐ 치료  ☐ 입원  ☐ 수술  ☐ 투약

계약전후 편 **215**

| Q | 건강검진 소견은 고지대상인가요? |
| A | 아닙니다. |

보험 가입할 때 질문표(계약 전 알릴 의무 사항)에서 '최근 1년 이내에 의사로부터 진찰 또는 검사를 통하여 추가 검사(재검사)를 받은 사실이 있는지'를 묻습니다.

여기서 '추가 검사'란 진찰, 검사, 검진을 토대로 더 정확한 진단을 위해 다른 종류의 검사(MRI, CT 등)를 추가로 처방 받은 경우를 말하는데 위 사례는 건강검진을 받고 고혈압 의심 소견을 받았지만 추가 검사(재검사)소견이 없었으므로 고지 대상이 아닙니다. 다만 건강검진을 통해 고혈압 의심 소견서를 받았다면 고지 대상에 해당합니다.

보험에 가입할 때 질문표(계약 전 알릴 의무 사항)에는 '최근 3개월 이내에 의사로부터 진찰 또는 검사를 통하여 질병확정진단, 질병의심소견, 치료, 입원, 수술, 투약을 한 사실이 있는지'를 묻습니다. 고혈압에 관한 소견서를 받았다면 이는 질병의심소견에 해당합니다.

또한 건강검진을 통해 혈압이 높은 것 같으니 추후 재검사가 필요하다는 말을 듣고 재검사를 받았다면 질문표(계약 전 알릴 의무 사항)에는 '최근 1년 이내에 의사로부터 진찰 또는 검사를 통하여 추가 검사(재검사)를 받은 사실이 있는지'에 해당하므로 고지 대상입니다.

만약 건강검진을 통해 갑상선결절로 인한 재검사 소견을 받은 경우 바쁘다는 이유로 재검사를 받지 못하고 1년 지났다면 고지 대상일까요? 고지 대상이 아닙니다!

질문표(계약 전 알릴 의무 사항)상 기재되어 있는 항목 중 고지 항목 해당하지 않기 때문입니다.

그러나 보험회사가 고지의무위반을 이유로 해지를 하려 한다면, 보험회사는 보험계약 체결일로부터 3년 이내 또는 보험회사가 그 사실을 안 날로부터 1개월 내에 해지 가능합니다. 계약일로부터 청구시점이 3년이 지났다면 보험회사는 보험계약을 해지하지 못하며 인과관계가 없다면 보험금도 지급해야 합니다.

**약관정보**

다음 중 하나에 해당하는 경우에는 회사는 계약을 해지하거나 보장을 제한할 수 없습니다.
1. 회사가 계약당시에 그 사실을 알았거나 과실로 알지 못하였을 때
2. 회사가 그 사실을 안 날부터 1개월 이상 지났거나 또는 제1회 보험료를 받은 때부터 보험금 지급사유가 발생하지 않고 2년(진단계약의 경우 질병에 대해서는 1년)이 지났을 때
3. 계약체결일(갱신형 계약의 경우 최초 계약해당일을 말합니다)부터 3년이 지났을 때

**Q 장애가 있어도 보험가입을 할 수가 있나요?**

**A 네, 장애는 고지대상 의무 사항이 아닙니다.**

많은 사람들이 장애인은 보험가입이 어려울거라 생각합니다.
금융감독원에서는 장애인의 보험 가입 편의성을 제고하고 장애인 지원 강화를 위한 제도 개선을 실시하고 있습니다.

특히 2018년 10월, 장애인 보험 가입 차별 예방을 위해 '장애여부'에 대한 사전 고지를 폐지하였습니다. 따라서 계약전 알릴의무 사항에서 '장애상태' 관련 항목을 삭제하고 보험 가입시 불합리한 차별이 발생하지 않도록 장애인과 비장애인 모두 똑같은 가입절차를 통해 보험가입이 가능해졌습니다.

[장애 관련 계약전 알릴의무]
〈2018년 10월 이전〉
- 눈, 코, 귀, 언어, 씹는기능, 정신 또는 신경기능의 장애 여부 고지
- 팔, 다리, 손, 발, 척추에 손실 또는 변형으로 인한 장애 여부 고지(손가락, 발가락 포함)

〈2018년 10월 이후〉
장애 관련 고지의무 삭제

장애인은 사회복지 및 공익 목적으로 일반상품보다 보험료가 저렴하게 개발된 곰두리보장보험 등 장애인 전용 보험에 가입할 수 있으며, 장애인 전용 보험은 사회복지 및 공익을 목적으로 개발된 상품으로 암, 사망의 사고에 대비한 보장성보험 및 그 외에 자동차 사고 등을 보장합니다.

'곰두리보장보험'은 암·사망을 주로 보장하며, 일반인과 동일한 위험률을 적용하되 일반 상품보다 보험료가 20~30% 가량 저렴합니다. 장애인전용 연금보험은 일반 연금보다 생존기간 중 연금액을 더 지급합니다. 장애인전용 자동차보험은 일반 자동차보험과 보장내용은 동일하되, 자동차 사고시 추가로 신체보장구 구입비용을 지급합니다.

장애인전용 단체보험은 재해사망을 주로 보장하며 특약으로 질병사망, 질병고도장해, 암진단, 재해수술 등을 보장하는 상품과 장애인시설의 화재, 배상책임, 지진 등을 보장하는 상품이 있습니다.

시·청각 장애 등으로 인한 의사소통의 불편해소를 위해 음성 상담을 위한 직통전화(단축번호)와 문자 상담을 위한 이메일, 팩스, 채팅상담창구를 회사별로 운영하고 있으며 장애인과 보호자가 함께 이용할 수 있습니다.

장애로 인해 부당한 차별을 받았을 경우, 국가인권위원회(국번없이 1331) 또는 금융감독원민원센터로 제보하여 도움을 받을 수 있습니다.

> **금융감독원 민원센터**
> * 금융민원신청 : 금융감독원 홈페이지 → 민원·신고 (민원 접수 유선 안내 : 국번없이 1332)
> **국가인권위원회** : 국번없이 1331

| Q | 보험가입을 취소하면 보험료를 돌려받나요? |
|---|---|
| A | 네. 보험계약 철회 시 보험료는 돌려받습니다. |

보험 계약자는 보험증권을 받은 날부터 15일 이내에 청약을 철회할 수 있으며, 철회 후 3영업일 이내에 납입한 보험료를 돌려 받을 수 있습니다. 다만, 건강상태 진단을 지원하는 계약 및 보험기간이 90일 이내인 계약 또는 전문금융소비자가 체결한 계약의 경우는 청약을 한 날부터 30일(만 65세 이상의 계약자가 전화로 체결한 계약은 45일)을 초과하면 계약 철회가 불가합니다.

### 보험가입자의 권리와 의무

**보험계약자의 권리**

보험계약 청약을 철회할 수 있는 권리

일반금융소비자인 보험 계약자는 보험증권을 받은 날부터 15일 이내에 청약을 철회할 수 있으며, 보험회사는 철회를 접수한 날부터 3영업일 이내에 납입한 보험료 전액을 돌려 드립니다.

[일반금융소비자] 전문금융소비자가 아닌 계약자를 말합니다.
[전문금융소비자] 보험계약에 관한 전문성, 자산규모 등에 비추어 보험계약에 따른 위험감수능력이 있는 자로서, 국가, 지방자치단체, 한국은행, 금융회사, 주권상장법인 등을 포함하며, 「금융소비자보호에 관한 법률」 제2조 제9호에서 정하는 전문금융소비자인 계약자를 말합니다.

단, 아래의 계약은 청약의 철회가 불가합니다.

⚠️ 주의
- **전문금융소비자**가 체결한 보험 계약
- **청약일부터 30일 초과**
  (65세 이상 계약자가 **전화(TM)**로 체결한 계약 : **청약일로부터 45일 초과**)
- **회사가 건강상태 진단을 지원하는 계약**
- **보험기간**(보장기간)이 **90일 이내인 계약**
- **법률**에 따라 **가입의무 부과** 및 **해제·해지**가 **가능**한 보험
  (다만, 계약자가 동종의 다른 보험에 가입한 경우는 제외)

계약체결시 보험약관, 계약자 보관용 청약서, 약관의 중요한 내용을 설명받지 못한 때 또는 청약서에 자필서명을 하지 않은 계약의 경우 계약을 성립한 날부터 3개월 이내에 계약을 취소할 수 있고 이 경우 실제 납입한 보험료를 돌려 받을 수 있으며, 소정의 이자를 더하여 지급합니다.

**Q 보험서류를 못받았는데 취소가 되나요?**

**A 가능합니다.**

보험계약 취소는 청약 철회와 달리 체결된 계약을 애초에 체결되지 않았던 상태로 돌려놓는 것을 뜻합니다. 보험계약 취소는 품질보증제도라고 하며 계약자의 뜻밖의 불이익을 방지하고자 하는 취지로 보험회사에 부과된 의무입니다. 체결된 계약을 취소하는 것이기에 다음의 취소 가능 조건 중 하나 이상을 충족시켜야 합니다.

보험계약자는 다음의 경우 계약이 성립한 날부터 3개월 이내에 계약을 취소할 수 있습니다.
첫째, 계약 청약 시 보험약관 및 보험계약자 보관용 청약서를 전달받지 못한 경우
둘째, 보험약관의 중요한 내용에 대해 설명을 받지 못한 경우
셋째, 보험계약자가 청약서에 자필서명(전자서명 포함)을 하지 않은 경우

전화를 이용하여 계약을 체결하는 경우에는 다음 어느 하나를 충족할 때는 자필서명을 생략할 수 있습니다.
1. 계약자, 피보험자 및 보험수익자가 동일한 계약의 경우
2. 계약자, 피보험자가 동일하고 보험수익자가 계약자의 법정상속인인 계약일 경우
또한 전화를 통한 계약 시, 음성 녹음 내용을 문서화한 확인서를 보험계약자에게 주는 것으로써 계약자 보관용 청약서를 전달한 것으로 봄

보험계약 취소가 성립이 되면 보험회사는 보험계약자에게 이미 납입한 보험료를 돌려드리며, 보험료를 받은 기간에 보험계약대출 이율을 연단위 복리로 계산한 금액을 더해 지급합니다.

하지만 기존 보험 계약을 취소하고 새로운 계약을 체결할 경우 보험 인수가 거절되거나 보험료가 인상될 수 있으며, 회사에 따라 보장 내용 축소 등 불이익이 있을 수 있습니다.

| **보험계약을 취소할 수 있는 권리** | 보험계약자는 다음의 경우 **계약이 성립한 날부터 3개월 이내에 계약을 취소**할 수 있습니다. 계약 취소 시, 회사는 계약자에게 납입한 보험료를 돌려 드립니다.<br><br>① 보험계약을 청약할 때 **보험약관 및 보험계약자 보관용 청약서**를 전달받지 못한 경우<br>② **보험약관의 중요내용**을 설명 받지 못한 경우<br>③ 보험계약자가 **청약서에 자필서명**을 하지 않은 경우<br><br>계약취소 가능 기간<br>계약이 성립한 날 ────────── 계약이 성립한 날 + 3개월 |
|---|---|

# [ 보험상식 ]

## - 계약전 알릴의무편 -

- **계약전 알릴의무 이해하기**

보험을 가입하는 이유는 보상을 받기 위함입니다. 보상을 잘 받기 위해서는 첫 단추가 가장 중요하며 고지의무사항을 정확히 알고 가입해야 합니다. 간혹 보험가입자는 설계사에게 병력을 알렸다고 주장하지만 보험회사는 병력을 숨기고 계약했다며 보험금 지급을 거절하거나 계약을 취소시키는 일이 발생하기도 합니다.

보험 설계사에게는 '고지의무 수령권'이 없습니다.[대법원 2007.06.28 선고 2006더59837] 보험 설계사에게 상세 병력을 알렸다고 하더라도 청약서에 명시하지 않을 경우 알릴 의무를 정상적으로 이행하지 않은 것으로 봅니다. 고지의무 수령권이란 보험계약자가 보험상품에 가입할 시 과거 병력 등 보험상품 운영에 필요한 중요 정보를 제공했을 때 이를 수령할 수 있는 권한을 말합니다.

고지의무 위반으로 인한 보험금 부지급 건수는 2022년 기준 생명보험 4,521건(38%), 장기손해보험 13,579건(9.9%)입니다. 대부분의 소비자들은 보험금이 필요한 순간이 되기 전까지는 고지의무의 중요성에 대해 크게 인지하지 못하고 있기 때문에 가장 빈번하게 발생하는 사고입니다. 고지의무 위반 사고를 줄이는 방법은 명확하고 단순합니다. 보험 가입 시 작성하는 청약서의 질문을 성실하고 정확하게 작성하면 됩니다. 청약서의 질문은 일반보험인지, 간편(유병자)보험인지 상품에 따라 다르지만 정확히 작성된 청약서는 나를 지켜줄 수 있습니다.

---

최근 3개월 이내에 의사로부터 진찰 또는 검사(건강검진포함)를 통하여 다음과 같은 의료행위를 받은 사실이 있습니까?

☐ 질병확정진단　　☐ 질병의심소견　　☐ 치료　　☐ 입원
☐ 수술(제왕절개포함)　　☐ 투약

질병의심소견이란 의사가 진단서나 소견서 또는 진료의뢰서 등을 포함하여 서면(전자문서 포함)으로 교부한 경우를 말합니다.
투약이란 의사가 환자에게 약을 처방하는 행위를 말하는 것으로 실제로 약을 구입하지 않았어도 기재해야 합니다.

---

3개월 이내의 병력을 묻는 질문입니다. 진단확정, 질병의심소견, 치료, 입원, 수술(제왕절개포함), 투약 등 다양한 사항을 묻고 있으므로 직전 3개월 이내에 병

원에 다녀온 것은 거의 대부분 고지의무가 발생합니다.

특히 단순 건강검진은 고지대상이 아니라고 판단하는 경우가 많은데 건강검진을 포함한 진찰 등의 행위를 통해 의사가 진단서나 소견서 또는 진료의뢰서 등을 포함하여 서면(전자문서 포함)으로 교부한 경우 질병의심소견에 포함됩니다. 투약이란 의사가 환자에게 약을 처방하는 행위를 말하는데 실제로 약을 구입하지 않았어도 고지대상입니다.

> 최근 3개월 이내에 마약을 사용하거나 혈압강하제, 신경안정제, 수면제, 각성제(흥분제), 진통제 등 약물을 상시 복용한 사실이 있습니까?
>
> 혈압강하제란 혈압을 내리게 하는 의약품을 말합니다.
> 각성제란 신경계를 흥분시켜 잠이 오는 것을 억제하는 의약품을 말합니다.

> 최근 1년 이내에 의사로부터 진찰 또는 검사를 받고, 이를 통하여 추가검사(재검사) 를 받은 사실이 있습니까?

최근 1년 이내에 선행 진찰 및 검사를 받은 뒤, 이에 따르는 추가검사 및 재검사 역시 최근 1년 이내에 이루어진 것을 묻는 질문입니다. 추가검사는 하나의 검사를 한 뒤에 보다 정확한 진단을 위해 다른 종류의 검사를 받은 경우를 말하며, 재검사는 한 가지 검사를 한 후 결과에 따라 같은 검사를 다시 받는 경우를 말합니다. 최초 검사상의 이상소견이 있어서 의사로부터 추가검사 소견을 받았거나 일정기간 이후 다시 재검사 소견을 받았다면 추가검사, 재검사를 받지 않아도 고지대상입니다. 단 1년이 지났다면 고지대상이 아닙니다.

> 최근 5년 이내에 의사로부터 진찰 또는 검사를 통하여 다음과 같은 의료행위를 받은 사실이 있습니까?
> ☐ 입원                    ☐ 수술(제왕절개포함)
> ☐ 계속하여 7일이상 치료    ☐ 계속하여 30일이상 투약
>
> '계속하여'란 같은 원인으로 치료 시작후 완료일까지 실제 치료, 투약 받은 일수를 말합니다.

5년 이내라는 기준은 보험 청약일, 가입일 기준으로 입원, 수술(제왕절개포함), 계속하여 7일 이상 치료, 계속하여 30일 이상 투약 여부를 고지하는 항목입니다. 입원의 경우 건강검진을 위해 하루를 입원했어도 고지대상이며, 수술의 경우 관혈수술, 비관혈 수술, 시술 모두 해당하며, 임신, 출산 관련한 제왕절개도 수술로 봅니다.

'계속하여'란 하나의 치료가 시작된 시점부터 종료된 시점을 말합니다. 상세한 의미는 원인이 같아야 하고 드문 드문 치료를 했더라도 치료나 투약일을 계산할 때 합산한다는 의미로 '누적일'을 의미합니다. 즉, 같은 병명으로 치료한 횟수를 묻는 것이 아니라 같은 원인으로 치료 시작 후 완료까지의 치료횟수와 투약횟수의 누적일을 묻는 것입니다. 또한 투약의 경우 의사가 환자에게 처방한 일수를 말합니다. 예를 들어 위염으로 40일 약 처방을 받고 20일 정도 약 복용 후 증상 호전으로 인해 약 복용을 중단했더라도 계속하여 30일 이상 투약한 것으로 고지해야 합니다.

---

최근 5년 이내에 아래 10대 질병으로 의사로부터 진찰 또는 검사를 통하여 다음과 같은 의료행위를 받은 사실이 있습니까?
☐ 암         ☐ 백혈병         ☐ 고혈압         ☐ 협심증
☐ 심근경색   ☐ 심장판막증     ☐ 간경화증       ☐ 뇌졸중증(뇌출혈,뇌경색)
☐ 당뇨병     ☐ 에이즈(AIDS)및HIV보균
☐ 직장 또는 항문 관련질환(치질,치루(누공),치열(찢어짐),항문 농양(고름집),직장 또는 항문탈출, 항문출혈,항문궤양) - 실손의료보험 가입시 추가질문

---

추가적으로 5년 이내 병력을 묻는 질문은 한 가지가 더 있습니다. 위 10대 질병으로 진단받은 경우 고지 대상이며, 추가적으로 실손의료보험 가입시 직장 또는 항문 관련질환(치질, 치루(누공), 치열(찢어짐), 항문 농양(고름집), 직장 또는 항문탈출, 항문출혈, 항문궤양) 의료행위를 추가적으로 고지해야 합니다.

이외도 직업, 운전여부 및 차량, 음주, 흡연, 체격, 위험지역 출국할 예정, 위험취미, 원동기장치 자전거 탑승여부 등 알릴 의무의 중요한 사항을 꼼꼼하게 체크해서 불이익이 없도록 해야 합니다.

## ◎ 주요 간편(유병자)보험 알릴의무사항

| 구분 | | 355건강보험 | 335건강보험 | 325건강보험 | 315건강보험 | 305건강보험 |
|---|---|---|---|---|---|---|
| 보험료 수준 | | 낮음 ──────────────────────→ 높음 | | | | |
| 계약전 알릴의무 사항 질병 관련 주요내용 | 입원/수술 필요 소견, 추가검사 (재검사)여부 | 3개월이내 | 3개월이내 | 3개월이내 | 3개월이내 | 3개월이내 |
| | 입원여부 | 5년이내 | 3년이내 | 2년이내 | 1년이내 | 해당없음 |
| | 수술여부 | 5년이내 | 3년이내 | 2년이내 | 1년이내 | 해당없음 |
| | 진단/입원/수술 여부 | 6대질병 | 6대질병 | 6대질병 | 6대질병 | 6대질병 |

[보험회사 및 가입 상품에 따라 알릴의무 상이할 수 있으니 꼭 약관 확인필요]

* 6대질병 : 암, 협심증, 심근경색, 심장판막증, 간경화증, 뇌졸중(뇌출혈,뇌경색)

제도 편

**Q 납입면제는 진단만 받으면 다 되는건가요?**

**A 가입한 상품에 따라 다르게 적용 받습니다.**

납입면제란 보험가입자가 재해나 질병, 상해사고 등으로 보험료를 내기 어려운 상태가 됐을 경우 보험회사가 앞으로 납입할 보험료의 납입을 면제해주는 제도입니다.

보험약관에서 규정하는 질병에 걸리거나 재해나 사고 등으로 50% 이상 또는 80% 이상 장해가 남으면 보험료 납입면제를 받을 수 있습니다. 후유 장해율은 보험회사별로 보통 50% 또는 80%로 대부분 동일하지만, 질병 기준은 보험 상품별로 보험회사에 따라 세부 기준이 달라집니다.

납입면제 범위가 넓은 어린이 보험의 경우 보통 암, 유사암, 뇌혈관질환, 허혈성 심장질환, 양성 뇌종양 등 진단 시 진단시점부터 보험료 납입이 면제됩니다.

성인 보험의 경우 암(유사암제외), 뇌졸중, 급성심근경색증, 말기폐질환, 말기간경화, 말기신부전증 진단 시 진단시점부터 보험료 납입이 면제됩니다.

또한 암 보험, CI보험, 특정 질병을 담보하는 보험은 중대한 질병 진단 또는 중대한 수술을 받을 때 납입면제가 가능하며, 운전자보험, 유병자보험, 치매보험, 연금보험 등 상품에 따라 납입면제를 적용 받을 수 있습니다.

이와 같이 납입면제 보장 범위는 보험회사별, 상품별 차이가 있을 수 있다는 점에 주의해야 합니다. 갱신형 특약이 있는 경우 주계약 및 특약이 납입면제 되어도 계속 보험료를 납입해야 하는 경우가 있고, 일부 담보는 주계약 납입면제가 되어도 납입면제를 운영하지 않는 경우도 있으니 가입한 보험 상품의 납입면제 기준을 확인해야 합니다.

| | |
|---|---|
| 어린이보험 | 암, 유사암, 뇌혈관질환, 허혈성심장질환, 양성뇌종양 등 |
| 성인보험 | 암(유사암 제외), 뇌졸중, 급성심근경색증 등 |
| CI보험 | 중대한 암, 중대한 뇌졸중, 중대한 심근경색증 등 |
| 암보험 | 암(유사암 제외) |
| 운전자보험 | 자동차손해배상보장법 시행령 제3조에 정한 상해 등급 중 1급~7급 등 |
| 치매보험 | 중증치매상태(CDR 3점) |

※ 보험회사별, 상품에 따라 기준은 상이할 수 있습니다.

### ✔ TIP

**보험금을 못 받아도 납입면제 가능하다.**

예를 들어, 암 보험과 2대 진단 보험을 가입했는데 사고로 인해 50% 또는 80% 장해가 발생한 경우 암 보험과 2대 진단 보험에서 보험금 지급 대상은 아니지만 해당 보험은 납입면제 대상이기 때문에 청구 후 차후 보험료 납입면제 혜택을 누릴 수 있다.

**Q 보험금 청구 언제까지 할 수 있나요?**

**A 3년 이내에 청구가 가능합니다.**

일반적으로 특별한 사정이 없는 한 보험금 청구에 대한 소멸시효는 보험사고 발생일을 기준으로 적용합니다. 쉽게 말하면 사고가 발생한 시점으로부터 일정 기간이 지나면 소멸되는 원칙을 적용하고 있는데 보험금 청구권의 소멸시효 기간은 3년입니다.

『약관상 소멸시효』
보험금청구권, 반환청구권, 해지환급금 청구권 및 책임준비금반환청구권은 3년간 행사하지 않으면 소멸시효가 완성됩니다.

보험금 청구 기간은 청구 사유가 발생한 시점에 따라 달라질 수 있고 보험상품마다 보장내용과 보장 방식이 다르기 때문에 기준 시점이 다르게 적용됩니다.

**1. 실손의료보험**
실손의료보험의 경우 의료비가 발생한 날이 기산점이 됩니다.
병원에 간 첫날의 의료비는 그 첫날부터 3년 이내에 보험금 청구를 해야 합니다.

**2. 암 진단비**
암 진단을 보상하는 보험의 경우 조직 검사 결과 보고된 날짜가 시효의 기산점이 됩니다.
진단서 발급일, 최초 병원 내원일, 수술을 받은 날짜 등 관계 없이 병리 보고서의 보고일 또는 판독일로부터 3년 이내 보험금 청구를 해야 합니다.

## 3. 사망보험금

사망보험금은 피보험자가 사망한 날이 기산점이 됩니다.

## 4. 후유장해보험금

후유장해 보험금의 경우 후유장해 진단서 발행일이 기산점이 됩니다.

사고발생일, 수술받은 날짜, 퇴원일, 고정물 제거일은 후유장해보험금 시효의 기산시점이 아닙니다.

## 5. 입원일당보험금

입원일당보험금의 경우 퇴원날짜로부터 기산점이 시작됩니다.

✔ **TIP**

> 보험금을 청구하지 않고 3년이 경과하면 보험금 청구권이 소멸되기 때문에 보험회사가 보험금을 지급해야 할 의무는 없다. 하지만 보험금 청구기간 내에 보험금을 청구하지 못한 적절한 사유를 보험금청구권자가 직접 입증하여 청구하는 경우라면 보험회사의 보험금 지급 가능성을 높일 수 있다.

## Q 보험금 지급이 늦어지면 어떻게 되나요?

## A 이자를 받을 수 있습니다.

**[생명보험 약관]**

회사는 보험금 청구서류를 접수한 날부터 3영업일 이내에 보험금을 지급합니다.
또한 보험금지급사유의 조사나 확인이 필요한 때에는 접수 후 10영업일 이내에 지급함이 원칙이나, 이보다 늦어질 경우에는 지급 지연에 대한 이자를 지급합니다(다만, 의료기관등에 대한 회사의 서면 조사요청에 동의하지 않을 경우에는 사실확인이 끝날 때 까지 지급지연 이자가 지급되지 않음).

**[손해보험 약관]**

보험금 청구서류를 접수한 때에는 접수증을 드리고 그 서류를 접수한 날부터 신체손해에 관한 보험금은 3영업일, 재물손해와 배상책임손해에 대한 보험금은 그 서류를 접수받은 후 지체없이 지급할 보험금을 결정하고 지급할 보험금이 결정되면 7일 이내에 지급합니다.

다만, 보험금 지급사유의 조사 또는 확인이 이루어져 지급기일 초과가 예상되거나, 지급할 보험금이 결정되기 전이라도 보험수익자의 청구가 있을 때에는 회사가 추정한 보험금의 50% 상당액을 가지급보험금으로 지급합니다. 만약 지급기일내에 보험금을 지급하지 않았을 때에는 그 다음날부터 지급기일까지의 기간에 대하여 소정의 이자를 더한 비용을 지급합니다.

## Q 보험나이가 만 나이인가요?

## A 아닙니다. 별도 기준에 의해서 보험 나이를 산정하고 있습니다.

보험에서 나이를 구분하는 기준은 소비자가 알고 있는 일반적 나이 기준과 다릅니다. 보험에서는 태어나자마자 한 살을 먹는 한국식 나이 또는 태어나면 0살 생일이 지나면 한 살이 되는 만 나이도 아닌, 일명 '보험 나이'를 기준으로 보험 가입 가능 여부, 보험료 등이 책정되고 있습니다.

보험 나이 계산방법은 간단합니다. 만 나이 생일을 기준으로 나의 생일에서 6개월이 지나지 않았다면 만 나이를 적용하고 6개월이 지났다면 만 나이 +1살이 현재 나의 보험 나이입니다.

### 보험 나이 계산법

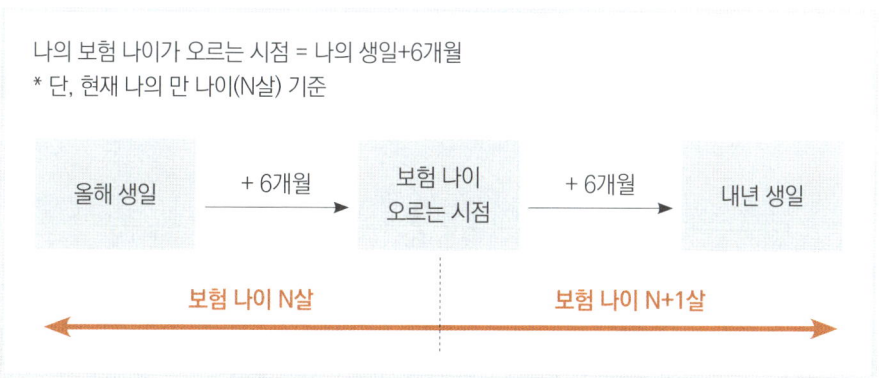

보험 나이가 중요한 이유는 보험료 산출, 만기시점 확정, 보험 가입 가능 여부 판단 등을 통해 같은 해에 태어났다고 하더라도 보험료 차이가 발생할 수 있기 때문이며, 보험 가입을 희망한다면 보험 나이가 오르기 전에 보험에 가입하는 것이 유리합니다.

> **✓ TIP**
>
> 해가 지나기 전 또는 생일이 지나기 전에 급하게 보험 가입을 서두르는 분들이 많은데 보험 담당자를 통해 정확한 보험 나이를 계산한 후 저렴한 방법으로 보험 가입 가능한 시점을 안내받을 것을 추천한다.

## Q 수익자 변경이 되나요?

## A 가능합니다.

수익자 변경은 보험계약자가 언제든 변경 가능합니다. 보험회사의 승낙이 필요한 것은 아니며 보험회사에 통지만 하면 됩니다.

> **약관정보**
>
> **[계약내용의 변경]**
> 계약자는 보험수익자를 변경할 수 있으며 이 경우에는 회사의 승낙이 필요하지 않습니다. 다만, 변경된 보험수익자가 회사에 권리를 대항하기 위해서는 계약자가 보험수익자가 변경되었음을 회사에 통지해야 합니다.

보험 계약 당시 계약자와 피보험자는 신경을 쓰지만 수익자는 '자동으로 설정되겠지'라는 생각에 따로 신경을 쓰지 않고 계약을 진행하는 경우가 많습니다. 수익자는 크게 만기 수익자, 생존 수익자, 사망 수익자로 나뉩니다. 수익자 지정을 하지 않는 경우 만기 수익자는 계약자가 되고, 생존 수익자는 피보험자가 됩니다. 일반적으로 계약 당시 사망보험금을 수익자를 지정하지 않으면 사망 수익자는 법정상속인으로 지정됩니다.

법정상속인은 민법에 정해져 있는 법적상속인 순위에 따라 ①직계비속 및 배우자 ②직계존속 및 배우자 ③형제자매 ④4촌 이내의 방계혈족 순으로 결정되어야 하기 때문에 이들 관계를 다 확인해야 하는 서류가 필요합니다.

만약 이혼 및 재혼 등으로 부모가 다른 자녀가 여러 명이거나, 수익자가 미성년자인 경우에는 구비해야 할 서류가 더 복잡해질 수 있고 뿐만 아니라 오랫동안 가족간에 연락이 닿지 않거나 불편한 사이라면 관련 서류를 갖추는 것도 쉬운 일은 아니기 때문에 실제로 사망보험금 관련 분쟁도 많이 발생하고 있습니다.

수익자 지정은 보험 계약 전이나 계약 과정, 계약 이후 등 언제든지 지정 가능하기 때문에 필요하다면 보험사고 발생 전에 지정하는 것이 좋습니다.

**전기간 부담보라면 평생 보장받을 수 없나요?**

 **원칙적으로 평생 보장이 불가하지만,
일부 예외 사유 등이 있을 수 있습니다.**

> **부담보**
> 특정 신체 부위나 특정질환에 대해 일정 기간 또는 보험 전기간 동안 수술이나 입원 등 각종 보장에 대해서 보험금 지급을 제외하는 조건으로 보험에 가입할 수 있도록 하는 것을 말한다.
> 즉, '특정 부위/질환에 대한 보장보험(담보)을 하지 않겠다(不)'라는 말임

모든 소비자는 보험계약을 하기 위해서는 고지의무를 성실하게 이행해야 하는데 건강상태에 따라 보험회사는 조건부 인수(부담보 설정)가 가능합니다. 조건부 인수와 부담보 설정은 동일한 표현으로(이하 부담보) 보장하지 않는 기간은 위험도에 따라서 '1년부터 5년, 보험 전기간'까지 다양한 기간을 설정할 수 있습니다.

부담보 조건이라 하더라도, 다음과 같은 경우에는 보상이 가능합니다.
1. 사망보험금을 지급받을 수 있습니다. (질병사망 약관상 보상을 제외한다는 내용이 없다면)
2. 부위, 질병부담보 약관은 질병으로 한정되어 있어 상해/재해 사고시 보상이 가능합니다.
3. 특정 부위 또는 특정 질병의 합병증으로 인해 지급사유가 발생한 경우 보상이 가능합니다.
4. 전기간 부담보라 할지라도 청약일 이후 추가적인 진단 또는 치료사실 없이 5년이 경과하였다면 보상이 가능합니다.

### 예시 >>>

1. 대장을 전기간 부담보 조건으로 가입했는데, 대장암으로 사망한 경우
   : 사망보험금 지급 가능
2. 왼쪽 발을 부담보 조건으로 가입했는데, 미끄러져 넘어지면서 왼쪽 발 골절된 경우
   : 보상 가능
3. 당뇨병을 특정질병 부담보로 가입했는데, 합병증으로 망막병증이 발병한 경우
   : 보상 가능

### 약관정보

**[특약면책조건]**

① 이 특약에서 정한 면책기간 중에 다음 각 호의 질병을 직접적인 원인으로 해당계약에서 정한 보험금의 지급사유 또는 보험료 납입면제 사유가 발생한 경우에는 회사는 보험금을 지급하지 않거나 보험료 납입을 면제하지 않습니다.
다만, 사망으로 인하여 보험금 등의 지급사유가 발생한 경우에는 사망보험금을 지급합니다.

1. 별표1 "특정 신체부위분류표" 중에서 회사가 지정한 신체부위 (이하 "특정 신체부위"라 합니다)에 발생한 질병 또는 특정 신체부위에 발생한 질병의 전이로 인하여 특정 신체부위 이외의 신체부위에 발생한 질병
2. 별표2 "특정질병분류표" 중에서 회사가 지정한 질병 (이하 "특정질병"이라 합니다)

② 제1항의 면책기간은 특정 신체부위 또는 특정질병의 상태에 따라 「1년부터 5년」 또는 「주계약의 보험기간」으로 합니다. 또한 그 판단기준은 회사에서 정한 계약심사기준을 따릅니다.

③ 제1항의 규정에도 불구하고 다음 사항 중 어느 하나의 사유로 주계약에서 정한 보험금의 지급사유 또는 보험료 납입면제 사유가 발생한 경우에는 보험금을 지급하거나 보험료 납입을 면제합니다.

1. 제1항 제1호에서 지정한 특정 신체부위에 발생한 질병의 합병증으로 특정 신체부위 이외의 신체부위에 발생한 질병으로 주계약에서 정한 보험금의 지급사유 또는 보험료 납입면제 사유가 발생한 경우(다만, 전이는 합병증으로 보지 않습니다)
2. 제1항 제2호에서 지정한 특정질병의 합병증으로 발생한 특정질병 이외의 질병으로 주계약에서 정한 보험금의 지급사유 또는 보험료 납입면제 사유가 발생한 경우
3. (별표3) 재해분류표에서 정하는 재해로 주계약에서 정한 보험금의 지급사유 또는 보험료 납입면제 사유가 발생한 경우
4. 보험계약 청약일 이후 5년이 지나는 동안 제1항 제1호 및 제2호에서 지정한 질병으로 추가적인 진단(단순건강검진 제외) 또는 치료사실이 없고, 청약일로부터 5년이 지난 이후 제1항 제1호 및 제2호에서 정한 질병으로 주계약에서 정한 보험금의 지급사유 또는 보험료 납입면제 사유가 발생한 경우

## Q 갱신형특약도 납입면제가 되나요?

## A 안됩니다.

보험료 납입면제는 가입한 보험 약관에서 정한 특정 상태가 되면 차후 보험료의 납입을 면제해주는 제도입니다. 예를 들어 매월 10만원씩 20년을 납입하면 100세까지 보장받을 수 있는 보험에 가입했고 10년 시점에 보험료 납입면제 상태가 된 경우 그 이후의 보장보험료의 납입이 면제되고 100세까지 동일한 보장을 받을 수 있는 제도입니다.

생명보험과 손해보험은 약관상 납입면제의 기준에 차이를 보이며, 상품에 따라 납입면제 기준은 다를 수 있습니다. 생명보험의 경우 보험 기간 중에 발생한 하나의 질병 또는 하나의 상해로 인해 약관의 장해분류표에서 정한 장해지급률이 50% 이상인 장해상태가 되었을 때 차후 보험료의 납입을 면제합니다. 또한 특정질병, 암, CI보험에서 담보하는 중대한 질병 또는 중대한 수술을 받은 경우 납입을 면제해주는 상품이 있습니다.

손해보험의 경우 보험 기간 중에 발생한 하나의 질병 또는 하나의 상해로 인해 약관의 장해분류표에서 정한 장해지급률이 80% 이상인 장해상태가 되었을 때 차후 보험료의 납입을 면제(자동갱신 특별약관을 제외)해주는 경우와 특정 질병 진단 또는 어린이보험의 경우 암(유사암 포함), 뇌혈관질환, 허혈성 심장질환 진단시 납입을 면제해주는 상품이 있습니다.

다만 배우자를 피보험자로 하는 특별약관, 자동갱신 특약의 경우 보장보험료 납입이 면제가 되었음에도 새롭게 갱신되는 계약에서는 보험료를 계속 납입해야 합니다. 단,

납입면제시에 담보가 소멸되는 경우에는 갱신시 소멸된 담보의 보장보험료는 납입하지 않습니다.

보험료 납입면제라는 것은 중증질환으로 인하여 경제적 여유가 없어 보험료를 내지 못해 더는 보험을 유지하기 어려운 피보험자를 위한 기능으로 볼 수 있습니다. 상해나 질병으로 인해 경제활동을 못하게 되는 경우 보험료 납부가 어려워 가입한 보험을 유지하기 어렵다고 판단해 보험회사가 보험료를 대신 내 주는 것입니다. 보험료 납입면제 적용 기준은 보험회사별, 상품별로 상이할 수 있으니 상품 선택시 참고하는 것이 좋습니다.

갱신 계약의 약관은 최초 계약 시의 약관을 계속하여 적용합니다. 다만, 법령의 제/개정, 금융위원회의 명령 또는 제도적인 변경에 따라 약관이 변경된 경우 갱신일 현재의 변경된 약관을 적용합니다. 갱신계약의 보험 증권은 별도로 발행하지 않습니다. 보통약관(보험료 납입면제)에도 불구하고 새롭게 갱신되는 계약에서는 갱신 전 보험사고로 인한 보험료 납입면제를 적용하지 않으며, 해당 보험료를 계속 납입하여야 합니다.

단, 일부 상품의 경우, 갱신형 특약도 납입면제가 되는 경우가 있으므로 개별 가입상품의 확인이 필요합니다.

**예시 >>> 10년 갱신형일 경우**

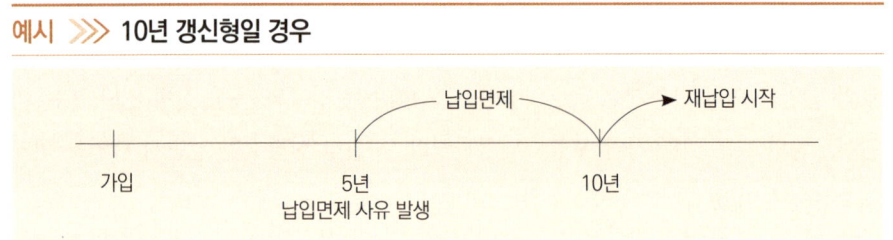

"당신의 보험금을 지켜주는 착한 레시피" **보험금 전쟁에 대비하라**

**Q 전년도 의료비를 올해 실손의료보험 청구하였습니다. 연말 정산 시 의료비 지출 차감 연도는 언제인가요?**

**A 올해가 아닌 전년도입니다.**

의료비 지출연도와 실손의료보험금 수령 연도가 다른 경우 실손의료보험금 수령액은 의료비 지출 연도에서 차감해야 합니다.

예를 들어 2023년 지출된 의료비에 대해 연말정산시 의료비 세액공제를 적용받고 2024년도에 실손의료보험금을 수령하였다면, 해당보험금에 대해 세액공제를 적용받은 2023년 의료비에서 차감하여 신고하여야 하며 종합소득세 신고기간에 수정신고 가능합니다.

☞ 의료비 지출연도와 실손의료보험금 수령 연도가 다르더라도 보험금을 수령한 뒤 기존 의료비 세액공제 내역을 수정해 신고하면 신고불성실가산세가 면제됩니다.

 참고

- 의료비세액공제
  - 세액공제 대상 의료비는 해당 근로자가 직접 부담하는 의료비를 말하므로, **실손의료보험금으로 받은 금액은 의료비 세액공제 대상에서 제외됨**
  - 실손의료보험금 수령액 확인 : 연말정산간소화서비스 또는 My홈택스-실손의료보험금 조회
    * 수령금액이 조회되지 않거나 상이한 경우 해당 보험회사를 통해 확인한 후 의료비 공제금액에서 차감

**Q** 장기해외출장 기간동안 실손의료보험료 낸게 아까워요.

**A** 출장기간 동안의 보험료 돌려받을 수 있습니다.

3개월 이상 해외 체류 후 귀국하는 경우 해당 기간의 실손의료보험료 사후 환급이 가능합니다.
해외에서는 국내 실손의료보험으로 의료비를 보장받을 수 없음에도 실손의료보험 유지를 위해서는 보험료를 계속 납입해야만 하는 상황을 개선하고자 만들어졌으며, 사후환급 뿐만 아니라 납입중지 제도를 활용할 수 있습니다.

**[사후환급]**
3개월 이상 해외 체류 후 귀국하는 경우 해당 기간의 실손의료보험료 사후 환급 가능

**[납입중지]**
해외여행보험(3개월 이상)과 실손의료보험을 동일한 보험회사에 가입한 경우 실손의료보험료 납입 중지 가능

**[대상]**
2009.10월 이후 가입된 실손의료보험에 한해서 사후환급, 납입중지가 가능하며, 2016.01.01 이후 해외체류 기간 동안의 납입한 실손의료보험료를 환급해드립니다.

**[필요 서류 및 신청방법]**
1. 신분증 또는 여권사본
2. 출입국사실증명서

보험회사 고객센터 또는 담당자에게 연락하면 환급 절차를 비교적 간단하게 처리할 수 있습니다.

## Q 보험금을 수익자가 아닌 사람도 받을 수 있나요?

## A 받을 수 있습니다.

보험금 청구는 보험수익자가 행사할 수 있습니다. 그러나 종종 '수익자'가 보험금을 청구할 수 없는 상태에 이르게 되는 경우가 발생할 수 있습니다. 이러한 경우 보험금 청구를 대신할 수 있는 사람을 지정하는 제도가 존재합니다. 이를 '지정대리청구인 제도'라 합니다.

> **[지정대리청구인 제도]**
> 치매, 무의식 등 보험 수익자가 보험금을 직접 청구할 수 없는 특별한 사정이 발생할 경우를 대비해 가족이 대신 보험금을 청구할 수 있도록 하는 제도
>
> > [지정대리청구인 지정 방법 및 조건]
> > 1. 보험계약자, 피보험자, 수익자가 모두 동일해야 함
> > 2. 서류상 피보험자의 배우자
> > 3. 피보험자의 3촌 이내 친족
> > 4. 일반적으로 두 명까지 지정 가능하며, 그 중 대표 청구인을 지정해야 함

보험 소비자의 권리 향상을 위해 매년 계약자에게 제공하는 종합안내장을 통해서도 서비스 이용 방법을 안내하고 있습니다. 보험가입 목적에 맞게 보험금을 수령할 수 있도록 '보험금 지정대리청구인 제도'를 미리 확인해 볼 것!

> **약관정보**
>
> **「지정대리청구서비스」 제도**
>
> **적용대상**
>
> 이 특별약관(이하 '특약'이라 합니다)은 계약자, 피보험자 및 보험수익자(보험금을 받는 자)가 모두 동일한 보통약관 및 특약에 적용됩니다.
>
> **지정대리청구인의 지정**
>
> ① 계약자는 보통약관 또는 특약에서 정한 보험금을 직접 청구할 수 없는 특별한 사정이 있을 경우를 대비하여 계약체결시 또는 계약체결 이후 다음 각 호의 1에 해당하는 자 중 1인을 보험금의 대리청구인(이하, '지정대리청구인'이라 합니다)으로 지정(제4조(지정 대리청구인의 변경지정)에 의한 변경 지정 포함)할 수 있습니다.
>
> 다만, 지정대리청구인은 보험금 청구시에도 다음 각 호의 1에 해당하여야 합니다.
>
> 1. 피보험자와 동거하거나 피보험자와 생계를 같이 하고 있는 피보험자의 가족관계등록부상 또는 주민등록상의 배우자
> 2. 피보험자와 동거하거나 피보험자와 생계를 같이 하고 있는 피보험자의 3촌 이내의 친족
>
> ② 제1항에도 불구하고, 지정대리청구인이 지정된 이후에 제1조(적용대상)의 보험수익자가 변경되는 경우에는 이미 지정된 지정대리청구인의 자격은 자동적으로 상실된 것으로 봅니다.

# [ 보험상식 ]
## - 제도편 -

## ◎ 보험회사와 분쟁시 민원신청방법

"디스크 절제술 이후 의사의 처방으로 도수치료 치료를 받았는데 보험회사에서는 의료자문에 동의하지 않으면 보험금을 줄 수 없다고 하네요. 민원을 제기하면 보험금을 받을 수 있을까요?"

"암 진단을 받고 요양병원에서 입원치료 후 보험금 청구를 진행했는데 보험회사는 직접적인 치료가 아니라며 보험금 지급을 거절하고 있습니다. 직접적인 치료에 대한 설명 못 들었는데 민원을 제기하면 보험금을 받을 수 있나요?"

위 사례와 같이 보험상품은 보험금 지급 과정에서 가장 많은 민원이 발생하고 있지만 보험 소비자는 보험회사와 분쟁이 발생했을 경우 마땅한 대안을 찾기가 쉽지 않습니다. 본인에게 발생한 억울하거나 불리한 상황으로 인해 금융사에 민원을 제기했다가 원하는 결과를 얻지 못하는 경우도 더러 발생 할 수 있습니다.

예전에는 보험회사에 금융감독원을 통한 민원을 제기하겠다고 하면 단순 민원 내에서는 소비자의 편에서 처리가 되던 때가 있었습니다. 당시 금융당국이 민원 발생 건수로 보험회사를 평가했기 때문에 건수 증가를 막고 싶은 보험회사는 고육지책으로 소액의 금전보상으로 방어를 했던 것입니다. 그러나 지금은 관리 지침이 현실화되어 접수 건수만으로 보험회사가 평가되지 않기 때문에 보험회사 입장에서는 금융감독원 민원을 두려워하지 않습니다. 즉 성급하게 민원을 신청했을 경우 과거와 같은 보상을 얻어내기는 쉽지 않습니다. 금융감독원 민원은 결정적인 상황에서 억울함을 호소하기 위해 사용해야 합니다. 단순한 관리자의 태도논란이나 금전보상을 위해서 접수하는 것은 본인에게 실질적인 도움이 되지 않습니다.

보험 민원 신청을 진행하려고 한다면 미리 방법을 알아두고 진행하는 것이 좋습니다. 금융감독원 보험 민원 접수 시 참고사항을 살펴보겠습니다.

**첫째, 감정에 호소하지 말고 객관적인 자료를 준비 할 것**

금융감독원 민원접수는 다양한 방법으로 신청 가능합니다. 전화, 우편, 홈페이지, 팩스 등으로 접수 가능하지만 전화 접수는 개인적으로 피하는 것을 추천합니다. 금융감독원 담당자도 부당한 이유에 대해서 정확히 인지해야 하는데 대부분 전화로 민원을 접수하는 경우 두서없이 감정적으로 민원이 제기될 가능성이 높고, 그렇다면 금융감독원 직원조차 사실관계를 정확히 파악하기 어렵습니다. 본인이 왜 부당함을 느끼는지에 대한 내용을 육하원칙에 맞춰서 서류를 작성하고 그에 대한 입증자료를 준비해 민원 신청을 진행해야 합니다. 입증자료 및 관련 내용 자료가 부족하다면 금융감독원 사이트의 '유사사례 검토' 메뉴에서 본인과 유사한 내용을 충분히 검색해 참고하는 것이 좋습니다. 내 억울한 의견을 최대한 담당자에게 전달하기 위해서는 감정의 호소보다는 사전준비를 통해 논리와 근거를 마련하는 것이 유리하고 실직적으로 보험회사에 영향을 미치려면 접수자도 사전준비를 철저히 해야합니다.

**둘째, 처리 결과를 여유있게 기다릴 것**

금융감독원에 민원접수가 되면 금융감독원은 이를 해당 보험회사에 통보합니다. 민원이 들어왔으니 확인하고 14일 간의 자율분쟁조정기간을 줄테니 고객과 해결을 보라고 하거나 답변서를 제출하라고 합니다. 이 경우 빠른 시간내 민원 취하 조건으로 분쟁을 종결하는 경우도 있지만 보험회사에서 금융감독원에 정식 답변서를 제출하여 금융감독원 분쟁조정국으로 넘어가기도 합니다.

금융감독원 직원수에 비해 접수되는 민원 건들은 폭발적으로 늘어나고 있고, 그 내용이 의학적 지식, 법률적 지식을 필요로 한다면 직원들이 관련분야 전문가가 아니다 보니 빠른 시간내 답변을 받는 것은 쉽지 않습니다. 또한 의학적인 부분에 대해서는 해결해줄 수 없으니 주치의 추가소견이나 "제3의 감정기관에 요청을 해서 답을 구해봐라"라는 식의 답변을 전하는 경우도 많습니다. 따라서 분쟁조정국에 이첩됐다는 안내를 받았다면 최소 몇개월에서 길게는 1년 이상 소요될 수 있기 때문에 민원을 신청했다면 여유 있게 결과를 기다려야 하며, 의학적인 다툼으로 분쟁이 생겼다면 다른 해결 방법을 고민해보는 것도 방법입니다.

**셋째, 금융감독원 민원의 효과**

금융감독원에 민원을 접수할 때는 단순히 보험회사를 압박하는 수단이 아니라 본인의 억울함을 공개적으로 드러낸다는 점에서 의미가 있습니다. 보험회사에 접수한 민원은 회사 내부기록으로만 남지만, 금융감독원 민원은 모두 객관적인 자료로 보관됩니다. 그렇게 때문에 아무리 작은 불만이라도 접수가 되면 정형화된 프로세스대로 처리를 하고 가능한 답변서에 관련 규정과 제도를 명시하여 처리 근거를 명시합니다.

결론적으로 말하면, 금융감독원 민원을 넣는 것은 효과가 있습니다. 이유는 나의 요구가 수용이 되든, 수용이 되지 않든 그 결과를 정확하게 안내 받을 수 있기 때문입니다. 금융감독원에서 소비자의 민원을 수용했으나 보험회사가 이를 수락하지 않을 경우 사법기관인 법원의 판결과 같은 법률적인 강제성은 없습니다. 보험회사가 민원에 따른 분쟁조정결과를 이행하지 않는다면 이를 강제할 수는 없으나, 이 경우 금융감독원장의 결재로 금융위원회의 의결을 거쳐서 영업정지, 시정명령, 기관경고 등의 행정적인 압박을 가할 수 있습니다. 따라서 금융당국의 압박과 보험 소비자의 이미지 악화 등을 감안하여 보험회사는 금융감독원의 결정을 최대한 존중하며 따르는 것이 일반적입니다.

## ◎ 금융감독원에 민원을 효과적으로 제기하는 방법

① 감정적인 표현 절대 금물(국어 파괴 언어나 이모티콘 사용 금지)
② 객관적 사실만을 열거할 것
③ 의무기록지, 검사결과지, 소견서 등 관련 자료 첨부
④ 유사 판례, 분쟁조정 사례 등 첨부
⑤ 기타 본인에게 유리한 자료 첨부(녹음 파일 또는 증거 자료)

## 주요 소비자상담센터 및 보험관련기관 안내

소비자상담센터(www.ccn.go.kr) T. 국번없이 1372

■ 정부 · 공공기관

1. 공정거래위원회(www.ftc.go.kr)
   - 세종특별자치시 다솜3로 95 공정거래위위원회 T. 1670-0007

2. 기획재정부(www.moef.go.kr)
   - 세종특별자치시 도움6로 42 정부세종청사 중앙동 기획재정부 T. 044-215-2114

3. 국민권익위원회(www.acrc.go.kr)
   - 세종특별자치시 도움5로 20 국민권익위원회 T. 110, 1398(부패, 공익침해행위)

4. 보건복지부(www.mohw.go.kr)
   - 세종특별자치시 도움4로 13 보건복지부 T. 044-202-2118

5. 식품의약품안전처(www.mfds.go.kr)
   - 충청북도 청주시 흥덕구 오송읍 오송생명2로 187 오송보건의료행정타운 식품의약품안전처 T. 1577-1255

6. 산업통상자원부(www.motie.go.kr)
   - 세종특별자치시 한누리대로 402 12동, 13동 산업통상자원부 T. 1577-0900

7. 국가기술표준원(www.kats.go.kr)
   - 충북 음성군 맹동면 이수로 93 국가기술표준원 T. 1381(인증표준정보센터)

8. 국세청(www.nts.go.kr)
   - 세종특별자치시 국세청로 8-14 국세청 T. 126

9. 통계청(kostat.go.kr)
   - 대전광역시 서구 청사로 189 T. 02-0212-9114

10. 법무부(www.moj.go.kr)
    - 경기도 과천시 관문로 47 정부과천청사 법무부 T. 02-2110-3000

11. 교육부(www.moe.go.kr)
    - 세종특별자치시 갈매로 408 14동 정부세종청사 교육부 T. 02-6222-6060

12. 대한법률구조공단(www.klac.or.kr)
    - 경북 김천시 혁신2로 26 대한법률구조공단 T. 054-810-0132

13. 국민건강보험공단(www.nhis.or.kr)
    - 강원특별자치도 원주시 건강로 32 국민건강보험공단 T. 1577-1000
14. 한국소비자원(www.kca.go.kr)
    - 충청북도 음성군 맹동면 용두로 54 한국소비자원 T. 043-880-5500
15. 국민연금공단(www.nps.or.kr)
    - 전라북도 전주시 덕진구 기지로180 T. 1355

■ 소비자관련단체

1. 녹색소비자연대전국협의회(gcn.dothome.co.kr)
    - 서울특별시 통일로 삼일대로 461 운현궁 SK허브빌딩 102동 305호 T. 02-3273-7117
2. 한국 YWCA 연합회(ywca.or.kr)
    - 서울특별시 중구 명동빌딩 73 한국YWCA연합회 회관 4층 T. 02-774-9702
3. 한국소비자연맹(cuk.or.kr)
    - 서울특별시 용산구 독서당로 20길 1-7 T. 02-795-1042
4. 소비자시민모임(consumerskorea.org)
    - 서울특별시 종로구 새문안로 42 피어선빌딩 603호 T. 02-739-5441~3
5. 한국여성소비자연합(한국여성소비자연합 (jubuclub.or.kr))
    - 서울특별시 중구 남대문로 30 6층 (사)한국여성소비자연합 T. 02-752-4227~9
6. 소비자교육중앙회(www.ncce.or.kr)
    - 서울특별시 중구 퇴계로45길 7 소비자교육중앙회 T. 02-2273-6300,2458 / 02-2266-5870
7. 소비자공익네트워크(www.sobo112.or.kr)
    - 서울특별시 마포구 독막로6길 11 우대빌딩 4층, 5층 T. 02-325-3300
8. 한국소비자단체협의회(www.consumer.or.kr)
    - 서울특별시 종로구 세종대로 23길 47 524호 T. 02-774-4050

■ 보험관련기관

1. 금융위원회(www.fsc.go.kr)
    - 서울특별시 종로구 세종대로209 금융위원회 T. 02-2100-2500

2. 금융감독원(www.fss.or.kr)
   - 서울특별시 영등포구 여의대로38  T. 1332 / T. 02-3145-5114

3. 보험개발원(www.kidi.or.kr)
   - 서울특별시 영등포구 국제금융로6길 38 T. 02-368-4000

4. 생명보험협회(www.klia.or.kr)
   - 서울특별시 중구 퇴계로 173 16층 T. 02-2262-6600

5. 손해보험협회(www.knia.or.kr)
   - 서울특별시 종로구 종로1길 50 케이트윈타워 B동 15,16층 T. 02-3702-8500

6. 한국보험대리점협회(www.knia.or.kr)
   - 서울특별시 종로구 새문안로3길 15 동원빌딩 3층 T. 02-755-5025

7. 파인(fine.fss.or.kr)
   - 서울특별시 영등포구 여의대로38 T. 1332 T. 02-3145-5114

8. 한국화재보험협회(www.kfpa.or.kr)
   - 서울특별시 영등포구 국제금융로6길 38 한국화재보험협회빌딩 T. 02-3780-0200

9. 보험연수원(www.in.or.kr)
   - 서울특별시 성북구 보문로130 보험연수원 T. 1588-3055

10. 보험연구원(www.kiri.or.kr)
    - 서울특별시 영등포구 국제금융로6길 38 T. 02-3775-9000

11. 한국보험계리사회(www.actuary.or.kr)
    - 서울특별시 종로구 종로5길 68 코리안리재보험빌딩 311호 T. 02-782-7440

12. 한국보험학회(www.kinsurance.or.kr)
    - 서울특별시 성북구 보문로 130 7층 보험연수원빌딩 T. 02-921-5541

"당신의 보험금을 지켜주는 착한 레시피"
# 보험금 전쟁에 대비하라

| | |
|---|---|
| 인 쇄 | 2024년 11월 |
| 발 행 | 2024년 11월 |
| 저 자 | 김의한, 서민정 |
| 펴 낸 곳 | 플로션 (www.plotion.net) |
| 펴 낸 이 | 김태은 |
| 전자우편 | story@plotion.net |
| 문의전화 | 02-427-8325 |
| 디자인/인쇄 | 광문당 |

ISBN 979-11-987777-0-6 (13300)
가 격 29,000원

※ 이 책의 판권은 지은이와 컨텐츠팩토리에 있습니다.
　이 책 내용의 전부 또는 일부를 재사용하려면 반드시 양측의
　서면 동의를 받아야 합니다.

www.plotion.net